Wirtschaftsethik im 21. Jahrhundert

mit den Schwerpunkten
Recht und Nachhaltigkeit

Barbara Brüning

Juristische Beratung: Frederick Brüning

QR-Codes
Um zu gewährleisten, dass die im Werk enthaltenen QR-Codes (https://www.militzke.de/qr-wirtschaftsethik-th) ihre Gültigkeit behalten, führen sie zunächst auf eine Seite des Verlags und von dort, nach dem Anklicken des entsprechenden Links, zu den gewünschten Inhalten.

1. Auflage

Umschlag: Gudrun Hommers mit Fotos von Werner Woska
Druck und Bindung: Klick Verlag Media und Consulting GmbH
ISBN Print: 978-3-96721-002-6
ISBN Digital: 978-3-96721-003-3

Militzke Verlag GmbH – www.militzke.de

Inhaltsverzeichnis

4 Nachhaltig wirtschaften

5 Arbeit und Beruf

6 Wirtschaftsethik – die Verantwortung der Unternehmen

Vorwort

Liebe Lehrerinnen und Lehrer!

In den letzten 40 Jahren wurden in der Ethik große Anstrengungen unternommen, die sozialethische Verantwortung der Wirtschaft zum Thema zu machen: Wie sollte ein gutes Unternehmen mit seinen Mitarbeiter:innen umgehen? Wodurch unterscheiden sich Manager:innen, die ethisch handeln, von jenen, die nur auf die Gewinnmaximierung achten? Wie können Firmen angesichts der zunehmenden Globalisierung Arbeitsplätze im eignen Land sichern und trotzdem in ärmeren Ländern investieren, um die Menschen dort stärker am Wohlstand der Welt zu beteiligen? Wie kann es gelingen, mehr Frauen in Führungspositionen zu etablieren?

Solche und andere Fragen sind Gegenstand der Wirtschaftsethik, die sich sowohl als Disziplin an den Universitäten und Wirtschaftsakademien etabliert hat als auch an den allgemein- und berufsbildenden Schulen in den Fächern Philosophie/Ethik/Religion sowie Wirtschaft und Politik. Denn schließlich trägt die gesamte Gesellschaft die Verantwortung für eine sozial ausgewogene und moralisch handelnde Wirtschaft.

Sie finden in unserem Band Fallbeispiele und Fachtexte zu sechs Problemkreisen: Eigentum und Geld, Marktwirtschaft, Gerechtigkeit, Arbeit und Beruf, Nachhaltigkeit sowie ethische Maßstäbe in der Wirtschaft. Sie stammen von unterschiedlichen Autor:innen wie Annemarie Pieper, Oswald von Nell-Breuning, Papst Franziskus oder Thomas Piketty, die sich wirtschaftsethischen Fragen in erster Linie von der Philosophie/Ethik her nähern, aber nicht ausschließlich. Eine Besonderheit bildet das Kapitel „Nachhaltig wirtschaften", in dem wir Probleme von Ökonomie und Ökologie diskutieren, die in verantwortungsbewussten Unternehmen im 21. Jahrhundert zunehmend eine wichtige Rolle spielen. In welcher Reihenfolge Sie die einzelnen Kapitel im Unterricht behandeln, können Sie nach Bedarf entscheiden – die Themen sind in der Abfolge nicht gebunden, die Kopiervorlagen frei kombinierbar. Sie finden in unserem Themenheft zusätzlich verschiedene QR-Codes, die Videofilme zu verschiedenen Themen vorstellen.

In allen sechs Kapiteln werden auch gesetzliche Regelungen vorgestellt, die für die Wirtschaftsethik richtungsweisend sind, wie zum Beispiel das „Gesetz gegen den unlauteren Wettbewerb". Am Schluss eines jeden Kapitels sollen die Schüler:innen Fallbeispiele aus den Rubriken Ethik und Recht bearbeiten, um sich selbst zu prüfen, inwieweit sie die ethischen und rechtlichen Standards anwenden können. Die Auflösungen dazu finden Sie im Anhang dieses Themenheftes.

Im Anhang befindet sich ein Glossar mit wichtigen Begriffen aus der Wirtschaftsethik. Die Erläuterungen wurden so formuliert, dass die Schüler:innen sie ohne Schwierigkeiten verstehen können. Der Anhang stellt darüber hinaus auch Bücher zum Weiterlesen mit einigen kurzen Erläuterungen vor sowie wirtschaftsethische Initiativen, Verbände und Organisationen.

Wir hoffen, dass unsere Texte und Bilder Sie anregen werden, Ihren Blick verstärkt auf die ethische Verantwortung der Wirtschaft in unserer Gesellschaft zu richten.

Barbara Brüning, Herbst 2023

Money makes the world go around

Strophe 1
A mark, a yen, a buck or a pound
A buck or a yen
A buck or a pound.
Is all that makes the world go around
That clinking, clanking sound
Can make the world go ‚round
Money money money money
Money money money money
Money money money
If you happen to rich
And you feel like a night's entertainment
You can pay for a gay escapade
If you happen to be rich and alone
And you need a companion
You can ring (ting-a-ling) for the maid
If you happen to be rich
And you find you are left by your lover
And you moan and you groan quite a lot
You can take it on the chin
Call a cab and begin to recover
On your 14-karat yacht! What!?

Strophe 2
When you haven't any coal in the stove
And you freeze in the winter
And you curse to the wind at your fate
When you haven't any shoes on your feet
Your coat's thin as paper
And you look 30 pounds underweight
When you go to get a word of advice
From the fat little pastor
He will tell you to love evermore
But when hunger comes to rap
Rat-a-tat rat-a-tat at the window
(At the window!)
Who's there? (hunger) oh, hunger!
See how love flies out the door
For, money makes the world go around (...)

Money makes
the world go around
The world go around
The world go around
Money makes
the world go around
It makes the world
go 'round.

Aufgaben

1. Hören Sie sich das Lied an: Erläutern Sie anschließend, welche unterschiedlichen Rollen das Geld im Leben von Menschen spielt. Stützen Sie sich dabei auf Stellen aus dem Text.
2. Erklären Sie, wofür der Begriff „Money" in diesem Lied steht.
3. „Geld dreht die Welt" bzw. alles auf der Welt dreht sich ums Geld. Nehmen Sie dazu auf der Rückseite des Blattes begründet Stellung.
4. Könnten Sie sich eine Welt ohne Geld vorstellen? Begründen Sie Ihren Standpunkt.

KV 2

Was ist Eigentum?

Eigentum bezeichnet im juristischen Sinne die rechtliche Herrschaft über eine Sache. Eigentum beinhaltet in diesem Sinne die rechtliche Zuordnung von Gütern zu einer natürlichen oder juristischen Person. Diese hat die rechtliche Verfügungsgewalt über die Güter, umgangssprachlich ausgedrückt: jemandem gehört etwas - ein Haus, ein Grundstück bzw. eine Produktionsanlage. Eine natürliche Person ist der Mensch nach seiner Geburt als Träger von Rechten und Pflichten; eine juristische Person entsteht dagegen durch einen Rechtsakt, zum Beispiel mit der Gründung eines Vereins oder einer Firma.

In der Geschichte der Ethik spielt insbesondere der Begriff des Privateigentums eine wichtige Rolle. Er meint, dass eine Sache einem Individuum gehört und nicht der Gemeinschaft. Darauf wies erstmals der griechische Philosoph Aristoteles (384–322 v. Chr.) in seiner Schrift „Politik" hin. Er wollte damit Kritik an dem Philosophen Platon (ca. 428–347 v. Chr.) zum Ausdruck bringen, der in seinem Staatsmodell der Politeia das Privateigentum abschaffen wollte: Allen gehört alles. Aristoteles schreibt: „Was den meisten gemeinsam ist, erfährt am wenigsten Fürsorge. Denn um das Eigene kümmert man sich am meisten, um das Gemeinsame weniger oder nur soweit es den Einzelnen angeht" *(Aristoteles: Politik, 1262n1 30–35).*

Aufgaben

1. Unterscheiden Sie anhand von Beispielen Eigentum im juristischen und ethisch-politischen Sinn.
2. Tragen Sie Vermutungen zusammen, wie Platon zu seiner Forderung „Allen gehört alles" kommt. Lesen Sie ggf. im 7. Buch der „Politeia" nach.

3. Entscheiden Sie schriftlich, ob Sie Aristoteles zustimmen, dass sich der Mensch eher um das Eigene als um das Allgemeine kümmert. Begründen Sie Ihren Standpunkt.

Ich stimme Aristoteles (nicht) zu ....

....

....

....

4. *Mit Gedanken spielen:* Eine Welt ohne Eigentum wäre für mich ... Schreiben Sie den Satz auf der Rückseite des Blattes zu Ende. Tragen Sie Ihre Ideen anschließend im Kurs vor.

KV 3

John Locke: Die Entstehung des Eigentums

Der englische Philosoph John Locke (1632–1704) hat in seinem Buch „Zwei Abhandlungen über die Regierung" die Entstehung des Eigentums beschrieben.

Der größte Teil der für das Leben des Menschen wirklich nützlichen Dinge, nach denen jene ersten Menschen, denen auf der Welt alles gemeinsam gehörte, schon aus der reinen Notwendigkeit des Überlebens suchen mussten [...], sind im allgemeinen Dinge von kurzer Dauer, die, wenn sie nicht bald verbraucht werden, verderben und von selbst vergehen. Gold, Silber und Diamanten sind dagegen Dinge, denen eher die Laune und Übereinkunft der Menschen ihren Wert gegeben haben als der tatsächliche Gebrauch und die Notwendigkeit des Lebensunterhaltes. Nun hatte auf jene guten Dinge, die die Natur als Gemeingut geschaffen hatte, ein jeder [...] soweit ein Recht, wie er sie für sich nutzen konnte. Und alles, auf das er mit seiner Arbeit einwirken konnte, war sein Eigentum. Alles, worauf sich sein Fleiß erstrecken konnte, um es aus seinem natürlichen Zustand zu entfernen, gehörte ihm. Wer hundert Scheffel Eicheln oder Äpfel sammelte, gewann dadurch ein Eigentum an ihnen. Sie gehörten ihm, sobald er sie gesammelt hatte. Er musste nur darauf achten, dass er sie verbrauchte, bevor sie verdarben. Sonst nahm er mehr, als ihm zustand, und beraubte andere. Es war tatsächlich ebenso dumm wie unredlich, mehr anzuhäufen, als er gebrauchen konnte. Gab er einen Teil an irgendeinen anderen weiter, damit er nicht ungenutzt in seinem Besitz umkam, so nutzte er auch diese Dinge. Und wenn er Pflaumen, die in einer Woche verfault wären, gegen Nüsse tauschte, die sich zum Verzehr ein ganzes Jahr lang aufheben ließen, so beging er kein Unrecht. Er vergeudete nicht den gemeinsamen Vorrat. Er vernichtete nichts von dem Anteil der Güter, die anderen gehörten, solange nichts ungenutzt in seinen Händen verdarb. Wenn er wiederum seine Nüsse für ein Stück Metall weggab, dessen Farbe ihm gefiel, oder seine Schafe gegen Muscheln eintauschte, oder seine Wolle gegen einen funkelnden Kiesel oder Diamanten, und diese sein ganzes Leben bei sich aufbewahrte, so griff er damit nicht in die Rechte anderer ein. Er durfte von diesen beständigen Dingen so viel anhäufen, wie er wollte. Denn die Überschreitung der Grenzen seines rechtmäßigen Eigentums lag nicht in der Vergrößerung seines Besitzes, sondern darin, dass irgendetwas ungenutzt verdarb.

John Locke: Zwei Abhandlungen über die Regierung. Suhrkamp: Frankfurt am Main 1995, S. 228/229.

Aufgaben

1. Notieren Sie Stichworte zu der Beziehung zwischen Eigentum, Arbeit und Natur aus der Sicht von John Locke. Sprechen Sie anschließend im Kurs darüber.

Eigentum, Arbeit und Natur ....

....

....

....

2. Welche kritischen Einwände lassen sich gegen Lockes Sicht auf das Eigentum vorbringen? Ein Stichwort dazu wäre zum Beispiel „Grund und Boden". Sammeln Sie Ihre Einwände an der Tafel oder am Whiteboard.

3. *Projektvorschlag:* Erarbeiten Sie ein Kurzreferat zum Leben und Wirken von John Locke.

4. *Wir philosophieren:* Entsteht Eigentum (nur) durch Arbeit? Positionieren Sie sich dazu.

Geld und Eigentum

Kurz vorgestellt: Georg Simmel

Der deutsche Philosoph Georg Simmel (1858–1918) ist der erste Philosoph, der eine „Philosophie des Geldes" verfasst hat. Er stammt aus einer Kaufmannsfamilie, welche die Schokoladenfabrik „Felix und Sarotti" gründete. Nach dem Studium der Philosophie beschäftigte sich Simmel vor allem mit der Kulturentwicklung verschiedener Gesellschaften, in deren Mittelpunkt das Thema „Wechselwirkungen von Geld und Eigentum" stand.

Wenn der Weg zum Gelde vom Naturaltausch ausgeht, so ist, noch innerhalb des letzteren, seine Richtung erst dann eingeschlagen, wenn man ein einheitliches Objekt nicht gegen ein anderes einheitliches, sondern gegen eine Mehrheit anderer tauscht. Wenn eine Kuh für einen Sklaven, ein Gewand für einen Talisman, ein Boot für eine Waffe gegeben wird, so ist der Prozess der Wertabwägung noch ein völlig ungebrochener, er erfolgt nicht durch Reduktion der Objekte auf einen Generalnenner, als dessen gleiche Vielfache jene erst zu berechnen wären. Nimmt man indes eine Hammelherde für ein Haus, zehn behauene Balken für ein Schmuckstück, drei Maß Getränke für eine Arbeitshilfe, so ist die Einheit dieser Komplexe, der Hammel, der Balken, das Maß Getränk der gemeinsame Maßstab, dessen Vielfaches sich, verschieden geformt, in dem einen wie in dem anderen Tauschobjekt findet. Bei unteilbaren Gegenständen verlässt das Wertgefühl psychologisch nicht so leicht die festumschriebene Einheit des einzelnen. Sobald aber darum gefeilscht wird, ob das Schmuckstück nicht vielleicht zwölf oder nicht vielleicht nur acht Balken wert sei, wird auch der Wert des Schmuckes, trotz dessen äußerer Unzerlegbarkeit, durch den Wert eines Balkens gemessen, und es erscheint möglich, ihn aus dem Achtfachen, dem Zwölffachen und schließlich dem Zehnfachen dieses letzteren zusammenzusetzen. Dadurch wird der Wert beider Tauschgegenstände in ganz anderem Sinne gegeneinander kommensurabel[(1)], als wo keine derartige Zerlegung des einen Tauschobjekts beide dem Werte nach durch eine und dieselbe Einheit ausdrückbar machte. Im Tausch gegen Geld ist diese Kombination nur auf ihre höchste Form gebracht, Geld ist dasjenige teilbare Tauschobjekt, dessen Einheit sich für den Wert jedes noch so unteilbaren Gegenobjekts kommensurabel erweist.

Georg Simmel: Philosophie des Geldes. Parkland: Köln 2001, S. 96/97.

(1) vergleichbar

Aufgaben

1. Erklären Sie mit eigenen Worten die Rolle des Geldes als Tauschobjekt, indem Sie die jeweiligen Schritte des Naturaltauschs nachvollziehen.
2. Interpretieren Sie mündlich anhand des Bildes den Ausspruch „Geld hat eine Sogwirkung". Notieren Sie dazu vorab Stichworte.

Geld hat eine Sogwirkung

....

....

....

Eigentumsformen in der politischen Philosophie

Privateigentum (individuelles Eigentum)	Gemeineigentum (kollektives Eigentum)	sozialistisches Eigentum (Volkseigentum)
persönliche Dinge, z. B. Grabbeigaben wie Waffen oder Schmuck (3. Jahrtausend vor Chr.)	alle haben an allem Eigentum; Einzelne haben kein individuelles Eigentum (z. B. Platon)	Vergesellschaftung von Produktionsmitteln (z. B. Karl Marx)
Besitz an Grund und Boden (z. B. John Locke)	Gemeindeeigentum, u. a. von Bauerngemeinden (z.B. Pjotr Kropotkin)	
Besitz an Produktionsmitteln (z. B. Karl Marx)	genossenschaftliches Eigentum (z. B. Robert Owen)	

Gemeinschaftliche Eigentumsformen

In seinem Buch „Der Staat" geht der griechische Philosoph Platon (ca. 428–348 v. Chr.) davon aus, dass der Stand der Wächter, der den Staat beschützen soll, kein Privateigentum besitzen darf; sogar Frauen und Kinder sollen allen gemeinsam gehören. Demgegenüber lobt der russische Philosoph und Naturwissenschaftler Pjotr Kropotkin (1842–1921) das Gemeineigentum der Dorfgemeinschaften, während die deutschen Philosophen Karl Marx (1818–1883) und Friedrich Engels (1820–1895) im Kommunistischen Manifest die Vergesellschaftung von Privateigentum an Produktionsmitteln fordern.

....

Das Proletariat wird seine politische Herrschaft dazu benutzen, der Bourgeoisie nach und nach alles Kapital zu entreißen, alle Produktionsinstrumente in den Händen des Staats, d. h. des als herrschende Klasse organisierten Proletariats zu zentralisieren und die Masse der Produktionskräfte möglichst rasch zu vermehren.

Es kann dies natürlich zunächst nur geschehen vermittelst despotischer Eingriffe in das Eigentumsrecht und in die bürgerlichen Produktionsverhältnisse [...]. Diese Maßregeln werden natürlich je nach den verschiedenen Ländern verschieden sein.

Für die fortgeschrittenen Länder werden jedoch die folgenden ziemlich allgemein in Anwendung kommen können:

- Expropriation (Enteignung) des Grundeigentums und Verwendung der Grundrente zu Staatsausgaben [...].
- Abschaffung des Erbrechts [...].
- Zentralisation des Kredits in den Händen des Staats durch eine Nationalbank mit Staatskapital und ausschließlichem Monopol.
- Zentralisation allen Transportwesens in den Händen des Staats.
- Vermehrung der Nationalfabriken, Produktionsinstrumente, Urbarmachung und Verbesserung der Ländereien nach einem gemeinschaftlichen Plan [...].

Karl Marx und Friedrich Engels: Ausgewählte Schriften in zwei Bänden. Dietz: Berlin 1952, S. 42.

„Unsere jetzigen Bestimmungen machen doch, wovon ich spreche, sie [die Wächter] noch viel mehr zu echten Wächtern und hindern sie, den eignen Staat zu zerreißen, wenn jeder ein anderes als das Seine bezeichnet; wenn jeder in sein eigenes Haus schleppt, was er nur ohne die andern erwerben kann, und sich Frau und Kinder, Freuden und Leiden nur für sich allein schafft; so aber, da es nur eine Ansicht über das Eigentum gibt, zielen alle auf ein gemeinsames Ziel und sind so weit wie möglich in Leid und Freude eines Sinnes, nicht?"

„Natürlich!"

„Und Streitigkeiten und Vorwürfe werden aus ihrem Kreise sozusagen verschwunden sein, da sie alles außer ihrem Leib gemeinsam haben! Sie werden also alle Zwistigkeiten nicht kennen, die die Menschen von Geld oder Kindern und Verwandten haben."

Platon: Der Staat. Reclam: Stuttgart 2004, S. 253.

Es ist jetzt bekannt, dass der Feudalismus keine Auflösung der Dorfmark[1] in sich schloss. Obwohl es dem Adligen gelungen war, den Bauern Fronarbeit[2] aufzulegen und obwohl er sich selbst solche Rechte zugelegt hatte, die früher der Dorfmark allein zukamen (Steuern, Unveräußerlichkeit des Gutes, Abgaben bei Erbschaften und Eheschließungen), hatten die Bauern doch trotzdem die zwei Grundrechte ihrer Gemeinden aufrecht erhalten: das Gemeineigentum an Grund und Boden und die eigene Gerichtsbarkeit.

Peter Kropotkin: Gegenseitige Hilfe in der Tier- und Menschenwelt. Sammlung Hoffenberg: Berlin 2018, S. 155/156.

(1) gemeinsam verwaltete Dorfgemeinschaft
(2) vom Feudalherren erzwungene Arbeitsleistungen

Aufgaben

1. Geben Sie den jeweiligen Texten eine Überschrift und vergleichen Sie diese im Kurs. Nehmen Sie kritisch zu den Eigentumskonzepten Stellung.
2. Überlegen Sie, welche der Eigentumsformen heute in der Bundesrepublik vorhanden sind. Führen Sie dazu Beispiele an.
3. *Projektvorschlag:* Recherchieren Sie im Internet über die Auffassungen von Kevin Kühnert, der 2019 in einem Interview mit der Wochenzeitung „Die Zeit" behauptet hatte, dass es eine Überwindung des Kapitalismus ohne eine Vergesellschaftung von Betrieben wie BMW nicht geben könne. Führen Sie anschließend im Kurs dazu eine Debatte.
4. Erarbeiten Sie Porträts zu Platon, Pjotr Kropotkin sowie Karl Marx und Friedrich Engels.
5. *Wir debattieren:* Jana und Frank haben kürzlich geheiratet. Sie suchen nach einer eigenen Wohnung. Eine Freundin empfiehlt ihnen eine Genossenschaftswohnung. Diese sei doch viel sozialer als Eigentum, und außerdem würden sie dadurch auch Geld sparen. Prüfen Sie diesen Vorschlag.

KV 6

Die Funktion des Geldes

2

Zirkulationsmittel
vermittelt den Warenaustausch

Ich erhalte denn Golf und bezahle mit Geld.

1

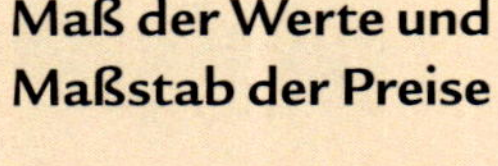

Maß der Werte und Maßstab der Preise

Der gebrauchte Golf ist 5.000 Euro wert.

3

Zahlungsmittel
Bezahlung von Verbindlichkeiten, wenn Kauf und Verkauf zeitlich getrennt sind
Bezahlung von anderen Verbindlichkeiten, z. B. Miete oder Steuern

Ich bezahle den Golf per Überweisung.

6

???

4

internationales Zahlungsmittel

Ich zahle den Golf in Euro oder Dollar.

5

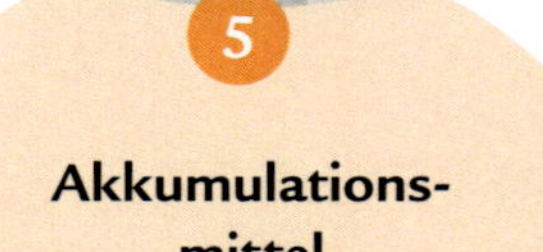

Akkumulationsmittel
zur Bildung von Rücklagen

Ich habe für den Golf lange gespart

Aufgaben

1. Überlegen Sie, ob es weitere Funktionen des Geldes gibt (Punkt 6). Nennen Sie zu jeder Funktion des Geldes ein weiteres Beispiel.
2. *Mit Gedanken experimentieren:* Was halten Sie von der Idee, ein einheitliches Weltgeld zu schaffen? Welche Gründe sprechen dafür und welche dagegen? Sammeln Sie Ihre Ideen an der Tafel oder am Whiteboard.
3. *Wir debattieren:* Bargeld abschaffen? Notieren Sie zunächst Stichworte auf der Rückseite des Blatts und organisieren Sie anschließend eine Debatte dazu im Kurs.

4. Schauen Sie sich über die Funktion des Geldes das Video der Deutschen Bundesbank an: 

Mit Kryptowährungen das große Geld machen?

Kurz erklärt:
Was ist eine Kryptowährung?
Der Begriff Kryptowährung enthält die altgriechische Wurzel Krypto, die auf Deutsch verbergen oder verstecken heißt. Er bezeichnet digitale Vermögenswerte, die international als Tauschmittel fungieren. Sie werden in einer dezentralen Datenbank festgehalten. Diese öffentliche Finanztransaktionsdatenbank verwendet eine Kryptographie (Geheimcodierung), um die finanziellen Transaktionen und Besitztümer zu verifizieren und zu sichern. Es gibt international verschiedene Kryptowährungen; die in Europa bekannteste heißt Bitcoin.

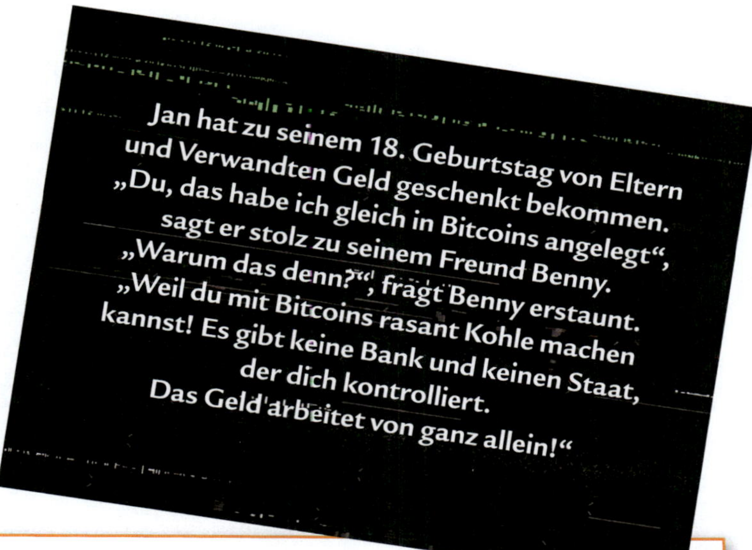

Bitcoins sind umweltschädlich

Im Jahr 2009 gelangte der erste Bitcoin in den Umlauf, womit dies die älteste Kryptowährung der Welt ist. Am Markt zählt sie außerdem zu den beliebtesten virtuellen Währungen: Im Dezember 2021 hatte Bitcoin eine Marktkapitalisierung von rund 960 Milliarden US-Dollar (das entspricht derzeit etwa 985 Mrd. Euro) und einen weltweiten Marktanteil von etwa 41 Prozent unter den Kryptowährungen. Bitcoins werden auch als digitales Gold bezeichnet: Ähnlich wie beim Goldbergbau müssen auch die virtuellen Münzen geschürft werden. Und das verbraucht enorme Mengen an Energie: Die Produktion basiert auf der sogenannten Blockchain-Technologie. Das heißt, dass alle Bitcoin-Transaktionen als kryptografisch verkettete Datenblöcke gespeichert werden. Ein Netzwerk von Minern (Schürfern) verifiziert dabei jede Transaktion und stellt sicher, dass der Datenblock korrekt erzeugt wurde. Miner, die als erste eine bestimmte Anzahl von Transaktionen verifizieren und den korrekten Block bereitstellen, werden mit neuen Bitcoins belohnt. So ist ein Wettbewerb entstanden, in dem Miner auf der ganzen Welt mit immer höherer Rechnerleistung darum konkurrieren, der sogenannten Blockchain so schnell wie möglich neue Elemente hinzuzufügen. Zudem erhöht sich die Zahl der Miner. Insgesamt steigt so der Energiebedarf zum Schürfen der Bitcoins.

Online verfügbar unter https://www.derstandard.de/story/2000139604323/bitcoin-gewinnung-virtuelles-schuerfen-wird-immer-klimaschaedlicher. Zugriff: 2023-04-18.

Aufgaben

1. *Projektvorschlag:* Recherchieren Sie im Netz zu Kryptowährungen.
2. Erörtern Sie im Kurs Chancen und Risiken dieser Währungen. Notieren Sie vor der Diskussion mögliche Risiken in Stichworten. Ein wichtiger Schlüsselbegriff sollte hierbei „Kontrolle" sein. Formulieren Sie auf der Rückseite Bennys Antwort an Jan.

Weitere Risiken ....

....

....

KV 8 Christian Neuhäuser: Geld und Macht

Geld ist Macht. Das ist keine besonders überraschende Behauptung, sondern eher eine Alltagsweisheit. Trotzdem ist es wichtig, sie ernst zu nehmen, denn Macht soll und kann dazu genutzt werden, um andere Menschen zu dominieren – also auch Geld. Wie funktioniert das? [...]

Max Webers Verständnis von Macht [...] eignet sich gut dafür, zu verstehen, wie Geld zu Macht führt. Für Weber besteht Macht in der Chance, den eigenen Willen auch gegen Widerstand durchzusetzen. Diese Begriffsbestimmung hat den Vorteil, dass sie das Handeln von solchen Akteuren in den Vordergrund rückt, die ihre eigenen Interessen durchsetzen wollen. Geld wäre demnach ein Mittel, um den eigenen Willen durchzusetzen, und zwar auch gegen Widerstand.

Dafür gibt es ohne Zweifel viele Beispiele. Man könnte sich etwa vorstellen, dass zwei Frauen einen Rechtsstreit ausfechten und sich die eine der beiden sehr gute Anwälte leisten kann, die andere jedoch nicht. Wenn der Ausgang des Prozesses von der Qualität der Anwälte abhängt, dann konnte die erste Frau ihren Willen mit Hilfe ihres Geldes gegen den Widerstand der anderen Frau durchsetzen. Geld stellt hier also ganz offensichtlich ein Machtmittel dar.

Christian Neuhäuser: Wie reich darf man sein? Über Gier, Neid und Gerechtigkeit. Reclam: Stuttgart 2019, 2. Auflage, S. 37.

Aufgaben

1. Erklären Sie mit eigenen Worten, warum Geld ein Machtmittel ist. Berücksichtigen Sie dabei auch den Cartoon.
2. Schreiben Sie zu „Geld ist Macht" einen Gegen-Aphorismus. Tragen Sie Ihre Ideen anschließend im Kurs vor.

   Geld ist Macht.

   ....

   ....

3. *Weiterdenken für Interessierte:* Lesen Sie das Kapitel „Reichtum und Macht" in dem oben angeführten Buch und erarbeiten Sie anschließend eine digitale Präsentation dazu.

Wir debattieren:
Pierre-Joseph Proudhon: Eigentum ist Diebstahl

Kurz erklärt: Proudhon und die Ausbeutung

Pierre-Joseph Proudhon (1809–1865) gehört zu den bekanntesten Sozialisten des 19. Jahrhunderts. Bis zu seinem 12. Lebensjahr war er Ochsenhirte, danach machte er eine Ausbildung als Schriftsetzer. In Paris lernte Proudhon u. a. Karl Marx kennen und fand durch ihn Anschluss an die internationale Arbeiterbewegung. In seiner Schrift „Was ist Eigentum?" findet sich jener Ausspruch, der ihn international berühmt gemacht hat: Eigentum ist Diebstahl. Gemeint ist damit, dass das Privateigentum an Produktionsmitteln einer kleinen Gruppe von Menschen Privilegien und Macht über andere ermögliche. Deshalb dürfe der Mensch außer den persönlichen Arbeitsmitteln lediglich diejenigen Güter besitzen, die er durch eigene oder kollektive Arbeit hergestellt oder im Tausch dafür erworben habe. Die Ausbeutung der Arbeitskraft anderer Menschen zum Zwecke von Macht und Reichtum müsse in einer gerechten Gesellschaft abgeschafft werden.

Aufgaben

1. Informieren Sie sich über Proudhon. Erarbeiten Sie zu seinem Leben und Wirken eine digitale Präsentation.
2. Formulieren Sie Pro- und Kontra-Argumente hinsichtlich seines Gedankens, dass Eigentum Diebstahl ist.

Argumente dafür, dass Eigentum Diebstahl ist:

....

....

....

....

Argumente dagegen, dass Eigentum Diebstahl ist:

....

....

....

....

3. *Wir debattieren:* Organisieren Sie nun eine Debatte zu dem Ausspruch von Proudhon.
4. Schauen Sie sich zu Proudhon auch das englischsprachige Video „Great Anarchists" an:

KV 10

Annemarie Pieper: Der Homo Oeconomicus

Die deutsche Philosophin Annemarie Pieper (geb. 1941) hat das Buch „Glückssache. Die Kunst gut zu leben" geschrieben. Darin unterbreitet sie Vorschläge, wie Menschen ein gutes Leben führen können, und kritisiert gleichzeitig gesellschaftliche Bedingungen, die diesem Ziel entgegenwirken.

Es steht außer Zweifel, dass Kosten-Nutzen-Analysen in vielen Handlungsbereichen eine erhebliche Rolle spielen. Unsere von Ressourcenknappheit geprägt Lebenswelt muss haushälterisch und nachhaltig mit Rohstoffen umgehen, die nicht nachwachsen.

Auch im privaten Umfeld muss ständig gerechnet werden, damit das Budget nicht überschritten und die vorhandenen Mittel optimal eingesetzt werden. Was dort sinnvoll, ja unerlässlich ist, um ein von finanziellen Sorgen weitgehend befreites Leben führen zu können, erweist sich als sehr restriktiv(1), wenn man das ökonomische Prinzip einer ganzen Lebensform unterlegt. Eine nur auf Nutzenkalkülen gegründete Existenz mag zwar hinsichtlich materieller Verbesserungen der Lebensbedingungen überaus erfolgreich sein, aber die Beschränkung des für erstrebenswert Gehaltenen auf zähl- und berechenbare Größen bringt eine Verarmung des Menschlichen mit sich [...].

Annemarie Pieper: Glückssache. Die Kunst gut zu leben. Hoffman und Campe: Hamburg 2001, S. 125/126.
(1) einschränkend

Der Cartoon steht mit den Gedanken von Annemarie Pieper in (k)einem Zusammenhang, weil ...

....

....

....

....

Der Mensch als ganzheitliches Wesen

Durch einseitige Betonung des Leistungsprinzips, damit verbunden eine Ideologie unbegrenzten Fortschritts im Bereich des Wissens und Wirtschaftens, ist das Individuum seiner ursprünglichen Ganzheitlichkeit verlustig gegangen. Die in der humanistischen Idee des *homo sapiens* – des weisen Menschen – zusammengefasste Vorstellung von Ganzheitlichkeit beinhaltet, dass die Tätigkeiten von Kopf, Herz und Hand miteinander kooperieren, und zwar derart, dass sie sich gegenseitig zur Entwicklung und kreativen Umsetzung von Idealen anspornen. Aus diesem dem *homo sapiens* immanenten[(1)] aufeinander eingespielten Dreierverband von Kopf, Herz und Hand haben sich im Verlauf der Zeit als Erster *homo faber* – der Werkzeuge herstellende und handwerklich tätige Mensch – und als nächste der *homo oeconomicus* – der wirtschaftlich kalkulierende Mensch – abgesetzt und für sich etabliert, indem sie vom Kopf lediglich das zweckrationale Denken und die technische Erfindungsgabe, von der Hand nur die Bedienungsfunktion mitnahmen und das Herz in den Privatbereich verbannten [...].

Annemarie Pieper: Glückssache. Die Kunst gut zu leben. Hoffman und Campe: Hamburg 2001, S. 129/130.

(1) innewohnenden

Nach uns die Sintflut?

Das Menschenbild, das uns heute aus der Werbung entgegenblickt, ist der *homo consumens*, der durch und durch kommerzialisierte, genuss- und vergnügungssüchtige Mensch, der sich alles einverleibt, worauf er Lust und woran er Spaß hat. Gemäß dem Motto „Nach uns die Sintflut" soll das Leben voll ausgeschöpft werden, und die materielle Basis dazu wird von der Wirtschaft erwartet, die die Flut von immer neuen Glücksansprüchen umso lieber bedient, als sie vom Massenkonsum lebt.

Die den Wünschen des *homo consumens* angepasste ökonomische Lebensform bedarf einer Neubesinnung. [...]

Annemarie Pieper: Glückssache. Die Kunst gut zu leben. Hoffman und Campe: Hamburg 2001, S. 131.

Aufgaben

1. Unterstreichen Sie in den Texten Merkmale des *homo oeconomicus* und des *homo consumens*. Fassen Sie anschließend die Kritik von Annemarie Pieper mit eigenen Worten zusammen.
2. Schreiben Sie auf, ob der Cartoon ebenfalls den *homo oeconomicus* betrifft. Begründen Sie Ihre Zustimmung oder Ablehnung.
3. Führen Sie mögliche Beispiele dafür an, dass die Einheit von Kopf, Herz und Hand bei den modernen Menschen verloren gegangen ist. Diskutieren Sie anschließend darüber, ob Sie dieser These von Annemarie Pieper zustimmen. Begründen Sie Ihren Standpunkt.
4. *Wir philosophieren:* Ist ein Leben, das sich nur an ökonomischen Maßstäben orientiert, aus Ihrer Sicht ein armseliges Leben? Begründen Sie Ihren Standpunkt.
5. *Projektvorschlag:* Informieren Sie sich über konsumkritische Aktionen beim zuständigen Jugendumweltbüro oder anderen Organisationen in Ihrer Stadt oder Region und erarbeiten Sie dazu eine Dokumentation..

Rechtlicher Exkurs: Eigentum und Besitz

Kurz erklärt: Die Entstehung des BGB

Im 19. Jahrhundert festigte sich die bürgerliche Gesellschaft durch die damals entstandenen demokratischen Verfassungen. Das Bürgertum wurde wirtschaftlich immer erfolgreicher und benötigte für seine Geschäfte Rechtssicherheit. Aus diesem Grund trat am 1. Januar 1900 das Bürgerliche Gesetzbuch (BGB) in Kraft. Es umfasst vier große Gebiete: Rechtssubjekt, Eigentum, Vertrags- und Schuldverhältnisse *und* Rechtsfolgen. *Letztere beinhalten Regelungen, wenn etwas nicht nach den von den Rechtssubjekten vereinbarten Kriterien verläuft, wie zum Beispiel den Fall, wenn ein Mieter seiner Miete nicht bezahlt.*

Bürgerliches Gesetzbuch

Rechtssubjekt
- Wer ist eine Person?
- Wer kann Eigentum erwerben und Verträge abschließen?
- Wer kann bei Verstößen gegen das BGB belangt werden?

Eigentum
- Wie wird Eigentum erworben?
- Wer ist Eigentümer bzw. Eigentümerin?
- Wer ist Besitzerin bzw. Besitzer?

Vertrag
- Wie vereinbaren Rechtssubjekte, dass das Eigentum an einer Sache auf einen anderen übertragen werden kann?
- Gelten mündliche Vereinbarungen als Verträge?
- Wann werden Verträge beurkundet?

Besitz im BGB

Als Besitz wird die tatsächliche Herrschaft über eine Sache bezeichnet. Der Besitzer einer Sache ist diejenige Person, welche im Moment tatsächlich die Herrschaft über die bewegliche oder unbewegliche Sache ausübt (§ 854 BGB). So hat jemand zum Beispiel eine Wohnung gemietet, die das Eigentum eines anderen ist; der Mieter übt aktuell die Herrschaft über die Wohnung aus. Er darf den Besitz allerdings nur in dem Rahmen nutzen, wie es der Eigentümer vorgibt. Wenn der Eigentümer zum Beispiel nicht möchte, dass der Mieter einen Untermieter aufnimmt, dann darf er dies auch nicht tun. Eine Ausnahme wäre es zum Beispiel, wenn in einem Mietvertrag festgelegt worden ist, dass die Wohnung jederzeit weiter untervermietet werden kann.

Beim Besitz ist es egal, wie jemand einen Gegenstand erwirbt. Denn bei der Besitzerlangung handelt es sich um einen realen Akt. Dies bedeutet, dass es tatsächlich zu einer Übergabe des Gegenstandes kommen muss: Der Mieter zieht in die gemietete Wohnung am 1. November ein. Auch ein Dieb kann übrigens den Besitz an einem Gegenstand erlangen. Entscheidend ist nur die tatsächliche Sachherrschaft und nicht die Rechtmäßigkeit. Der Dieb ist nach dem Raub zwar im Besitz der Sache, aber nicht Eigentümer. Der rechtmäßige Eigentümer ist demzufolge zur Übereignung der Sache berechtigt. Denn der Dieb ist im unberechtigten Besitz der Sache, während ein Mieter im berechtigten Besitz der Sache wäre.

§ 856: Beendigung des Besitzes

(1) Der Besitz wird dadurch beendigt, dass der Besitzer die tatsächliche Gewalt über die Sache aufgibt oder in anderer Weise verliert.
(2) Durch eine ihrer Natur nach vorübergehende Verhinderung in der Ausübung der Gewalt wird der Besitz nicht beendigt.

Der Eigentumsbegriff im BGB

Eigentum bezeichnet die rechtliche Herrschaft über eine Sache. In diesem Sinne ist Eigentümer einer Sache diejenige Person, der eine bewegliche oder unbewegliche Sache gehört und die darüber verfügen kann. Die wesentlichen Regelungen zu Besitz und Eigentum stehen im Buch 3 „Sachenrecht“ in §§ 854–1296 BGB. Mit seinem Eigentum kann jeder nach § 903 BGB alles machen, was den allgemeingültigen Gesetzen nicht widerspricht und anderen Menschen nicht schadet. Das heißt, jemand darf sein Eigentum verkaufen, zerstören, verschenken oder auch vermieten.

§ 903: Befugnisse des Eigentümers

Der Eigentümer einer Sache kann, soweit nicht das Gesetz oder Rechte Dritter entgegenstehen, mit der Sache nach Belieben verfahren und andere von jeder Einwirkung ausschließen. Der Eigentümer eines Tieres hat bei der Ausübung seiner Befugnisse die besonderen Vorschriften zum Schutz der Tiere zu beachten.

Der Staat darf einer Person nur in Ausnahmefällen das Eigentum wegnehmen. So steht beispielsweise im Grundgesetz (GG) in Artikel 14, dass Eigentum nur weggenommen werden darf, wenn es der Allgemeinheit hilft. Dieser Vorgang heißt Enteignung. So wurde beispielsweise 2022 im Zuge der Energiekrise die russische Tochterfirma von Gazprom „Gazprom Germania“, die im brandenburgischen Schwedt große Gasspeicher betrieb, enteignet und unter staatliche Kontrolle gestellt. So sollte die Energieversorgung insbesondere in den ostdeutschen Bundesländern gewährleistet werden.

Art 14 GG

(1) Das Eigentum und das Erbrecht werden gewährleistet. Inhalt und Schranken werden durch die Gesetze bestimmt.

(2) Eigentum verpflichtet. Sein Gebrauch soll zugleich dem Wohle der Allgemeinheit dienen.

(3) Eine Enteignung ist nur zum Wohle der Allgemeinheit zulässig. Sie darf nur durch Gesetz oder auf Grund eines Gesetzes erfolgen, das Art und Ausmaß der Entschädigung regelt. Die Entschädigung ist unter gerechter Abwägung der Interessen der Allgemeinheit und der Beteiligten zu bestimmen. Wegen der Höhe der Entschädigung steht im Streitfalle der Rechtsweg vor den ordentlichen Gerichten offen.

Aufgaben

1. Stellen Sie mit eigenen Worten anhand von Beispielen den Unterschied zwischen Eigentum und Besitz dar.
2. Erklären Sie, warum der Staat nur in Ausnahmefällen enteignen darf.
3. *Projektvorschlag:* Recherchieren Sie im Netz den Enteignungsvorgang der „Gazprom Germania“ in Schwedt. Erstellen Sie dazu eine Dokumentation.
4. Erklären Sie, was eine vorübergehende Verhinderung der Ausübung von Gewalt über eine Sache sein könnte (§ 856).
5. *Projektvorschlag:* Recherchieren Sie die Entstehungsgeschichte des BGB. Halten Sie dazu ein Kurzreferat.

Fallbeispiel 1 (Ethik): Geld macht unabhängig

Der ehemalige Präsident der Vereinigten Staaten Donald Trump (geb. 1945) hat auf einer Wahlkampfveranstaltung gesagt, dass Menschen wie er, die über ein beträchtliches Vermögen verfügen, politisch unabhängig seien. Sie müssten nicht nach Geld und Macht streben, weil sie über diese bereits verfügten.

....

....

....

....

....

....

....

....

....

....

....

....

....

....

Aufgaben

1. Nehmen Sie kritisch Stellung dazu, dass Menschen, die über ein beträchtliches Vermögen verfügen, politisch unabhängig seien. Wägen Sie bei Ihrer Entscheidung Pro- und Kontra-Argumente ab. Orientieren Sie sich bei Ihrer Antwort an ethischen Positionen zu Macht oder Eigentum.

Fallbeispiel 2 (Recht): Das verschenkte Auto

Jonas Großmutter benutzt ihr Auto nicht mehr selbst. Da sie nicht mehr laufen und fast nichts mehr sehen kann, verlässt sie nur noch selten ihre Wohnung. Sie hat deshalb ihrem Enkel Jona erlaubt, ihr Auto zu fahren. Für das Benzin und die Wartung muss er selbst aufkommen, allerdings gibt ihm Oma ab und zu Benzingeld, damit er für sie einkaufen fährt. Das klappt hervorragend; Jonas Oma fühlt sich gut versorgt.
Als sie eines Tages an der Wohnungstür beim Postholen ihre Nachbarin trifft, fragt diese: „Charlotte, kann ich dir deinen Parkplatz abkaufen?" Jonas Oma ist etwas überrascht: „Aber warum denn? Wo soll denn dann mein Auto stehen?" Nun ist die Nachbarin etwas überrascht: „Dein Auto steht schon seit Wochen nicht mehr in der Garage!"
Am Nachmittag bittet Jonas Oma ihren Enkel, mit ihr in die Garage zu gehen. „Was willst du denn dort?", fragt Jona. „Ich möchte mit dir ein wenig Auto fahren." Jona zieht die Stirn in Falten: „Das geht nicht, Oma, ich habe das Auto an meinen Freund verschenkt, weil ich aus Gründen der Luftverschmutzung nicht mehr damit fahren möchte."

....

....

....

....

....

....

....

....

....

....

....

Aufgaben

1. Entscheiden Sie, ob Jona das Auto an seinen Freund verschenken durfte. Argumentieren Sie mit dem BGB.
2. Sprechen Sie darüber, wie Jona das Problem gesetzeskonform hätte lösen können. Unterbreiten Sie dazu Vorschläge an der Tafel oder dem Whiteboard.

KV 13

Herbert Grönemeyer: Kaufen

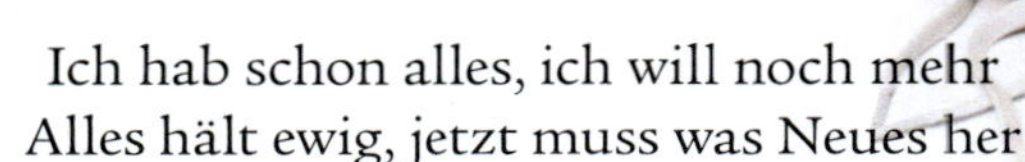

Ich hab schon alles, ich will noch mehr
Alles hält ewig, jetzt muss was Neues her

Ich könnt im Angebot ersaufen
Mich um Sonderposten raufen
Hab diverse Kredite laufen, oh, was geht's mir gut

Refrain:
Oh, ich kauf mir was
Kaufen macht so viel Spaß
Ich könnte ständig kaufen gehn
Kaufen ist wunderschön
Ich könnte ständig kaufen gehn
Kaufen ist wunderschön
Ich kauf, ich kauf
Was, ist egal

Hat das Fräulein dann bei mir abkassiert
Was jetzt meins ist, schon nicht mehr interessiert

Bin ich erst im Kaufrausch
Frag ich gleich nach Umtausch
Weil ich an sich nichts brauch, kaufen tut gut

Refrain

Vor lauter Augenweiden
Kann ich mich nicht entscheiden
Was muss ich Qualen leiden, oh, was soll ich tun

Refrain

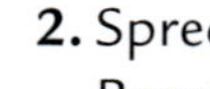

Aufgaben

1. Hören Sie sich das Lied auf YouTube an:
2. Sprechen Sie im Kurs darüber, ob das Lied etwas mit Ihren eigenen Erfahrungen zu tun hat. Begründen Sie Ihren Standpunkt.
3. Charakterisieren Sie den Begriff „Kaufrausch".
4. *Wir philosophieren:* Stellen Sie einen Zusammenhang her zwischen dem Lied und Ihrem Verständnis von Markt und Marktwirtschaft.

Wie funktioniert der Markt?

Kurz erklärt: Was ist ein Markt?

Der Begriff „Markt“ bezeichnet in der ersten Bedeutung einen Ort, an dem Verkäuferinnen/Verkäufer und Käuferinnen/Käufer sowie Erzeugerinnen/Erzeuger und Verbraucherinnen/Verbraucher von Gütern zusammenkommen, um zu handeln. Dies kann sowohl ein Marktplatz sein wie die Agora in Athen, der wohl berühmteste Marktplatz in der Geschichte der Ethik.

Dort führte der bekannte Philosoph Sokrates (470–399 v. Chr.) Gespräche mit verschiedenen Händlern. Handel getrieben wird aber auch in Markthallen, die Sie heute noch in allen größeren Städten finden, oder auch an privaten Orten wie Wohnungen oder im digitalen Raum.

In der zweiten Bedeutung meint Markt ganz allgemein Gütertausch und Preisermittlung durch Angebot und Nachfrage. In dieser Bedeutung ist der Markt kein konkreter Ort, sondern ein abstrakter Begriff. So sprechen wir beispielsweise vom Arbeitsmarkt oder vom Weltmarkt.

Reste der Agora im Stadtzentrum von Athen

Es gibt keine Gesellschaft ohne Markt

Der Markt ist ein nach Regeln und Gebräuchen ablaufendes Verfahren des Tausches. Keine auch noch so primitive, aber eben doch arbeitsteilige Gesellschaft konnte je ohne den Mechanismus des Marktes auskommen. Das Regelsystem des Marktes musste unter den jeweiligen wirtschaftlichen und politischen Rahmenbedingungen immer für beide Seiten des „Tausches“ zweckmäßig (um nicht zu sagen fair) und akzeptierbar sein [...].

Im Laufe der Jahrhunderte wurden immer mehr Güter und Dienstleistungen von den ursprünglich lokalen Märkten auf größere nationale und schließlich internationale Märkte gebracht. Vom Apfel zum Telefonbuch, vom Küchenbesen zum Personalcomputer, vom Brotgetreide zum Waschpulver, vom Sportwagen bis zum Fahrrad, von der Bluse bis zum Schraubenzieher. Heute ist alles Gegenstand einer internationalen Wirtschaft geworden. Oder besser: Gegenstand der Weltmärkte.

Klaus von Dohnanyi: Im Joch des Profits. Deutsche Verlagsanstalt: Stuttgart 1997, S. 102.

Aufgaben

1. Informieren Sie sich über den Philosophen Sokrates und seine Tätigkeit auf der Agora in Athen sowie über den ehemaligen Automanager und Politiker Klaus von Dohnanyi.
2. Suchen Sie zu zweit verschiedene zusammengesetzte Begriffe mit -markt und klären Sie deren Bedeutung.
3. *Projektvorschlag:* Informieren Sie sich darüber, wo und wie im Mittelalter in Ihrer Stadt oder in Ihrem Dorf Handel getrieben wurde. Schreiben Sie dazu einen Blog für die Schulhomepage.
4. Schauen Sie sich zur Entstehung des Marktes auch das Video der Universität St. Gallen an: 

Freie Marktwirtschaft

Kurz erklärt: Was ist Marktwirtschaft?

Die wirtschaftlichen Aktivitäten eines Staates finden auf einer Vielzahl von Märkten statt. Deshalb werden die Wirtschaftssysteme auch als Marktwirtschaften bezeichnet. Ihre wesentlichen Merkmale sind das Privateigentum, freier Wettbewerb und freie Preisbildung, die Gewerbefreiheit, d. h., alle haben das Recht der freien wirtschaftlichen Betätigung, Vertragsfreiheit und Konsumfreiheit.

Die unsichtbare Hand

Der englische Philosoph Adam Smith (1723–1790) gehört zu den Mitbegründern der modernen Wirtschaftswissenschaft. Seine zwei Hauptwerke „Die Theorie der ethischen Gefühle" und die „Untersuchung über Nutzen und Ursachen des Wohlstandes der Nationen" waren schon zu seinen Lebzeiten ein großer Erfolg. Sie zeugen von der Vielseitigkeit des Philosophen, der sich mit so grundverschiedenen Themen wie Marktwirtschaft und moralischen Gefühlen beschäftigt hat. Durch das Zusammendenken von Wirtschaft und Moral gehört Smith auch zu den Vordenkern der Wirtschaftethik.

Das Lob des Eigeninteresses stand bereits bei Aristoteles: Jeder strengt sich mehr an, wenn er den Lohn seiner Anstrengungen auch selbst ernten kann. Adam Smith entwickelte diesen Gedanken weiter und entwarf eine Theorie für die gesamte Wirtschaft. Auch für die Allgemeinheit ist es seiner Meinung nach am besten, wenn jeder nach seinen eigenen Interessen handelt. Denn der Wettbewerb auf dem Markt sorgt dafür, dass die egoistischen Anstrengungen Einzelner auch den anderen zu Gute kommen. Das Volkseinkommen, so argumentierte Smith, ist der gesamte Jahresertrag aller Betriebe des Landes. Wenn nun jeder danach trachtet, seinen eigenen Gewinn zu mehren, dann erhöht er damit ganz zwangsläufig das Volkseinkommen und das Allgemeinwohl: „Er wird in diesem wie auch in vielen anderen Fällen von einer unsichtbaren Hand geleitet, um einen Zweck zu fördern, den zu erfüllen er in keiner Weise beabsichtigt hat. Auch für das Land selbst ist es keineswegs immer das Schlechteste, dass der Einzelne ein solches Ziel nicht bewusst anstrebt, ja gerade dadurch, dass er das eigene Interesse verfolgt, fördert er häufig das der Gesellschaft nachhaltiger, als wenn er wirklich beabsichtigt, es zu tun."

Nikolaus Piper: Geschichte der Wirtschaft. Beltz & Gelberg: Weinheim/Basel/Berlin 2002, S. 102.

Der Markt hat seine eigenen Gesetze

Ricardo (1772–1823) stammte aus einer holländischen jüdischen Familie, die nach England ausgewandert war. Sein Vater war Makler an der Amsterdamer Börse gewesen. Auch Ricardo selbst spekulierte mit großem Erfolg. In seinem wissenschaftlichen Werk zeigte er, dass zwei Nationen ihren Wohlstand steigern können, wenn sie sich, ganz im Sinne der Arbeitsteilung, auf das konzentrieren, was sie am besten können oder, in seinen Worten: wo ihre „komparativen Kostenvorteile" liegen. Mit seinen Argumenten schaffte es Ricardo gegen den erbitterten Widerstand der Großgrundbesitzer, dass England den Handel mit Getreide freigab.

Diese Lehre, wonach der Staat die Wirtschaft möglichst in Ruhe lassen soll, nennt man Wirtschaftsliberalismus; als ihr Leitsatz wird häufig ein Wort genannt, das bereits Francois Quesnay verwendete: „Laissez faire, laissez passer!", was etwa heißt: Lasst sie tun, lasst sie durchziehen. Jeder soll in der Wirtschaft tun und lassen können, was er will, solange er nicht die Rechte anderer verletzt. Welche Warenqualität am besten ist, entscheidet nicht ein Beamter, sondern der Wettbewerb um die Kunden: Die beste Ware wird am besten verkauft. Nicht der Staat soll entscheiden, sondern der Markt. Die Theorie des Liberalismus nennt man deshalb auch Laissez-faire-Prinzip. Während des 19. Jahrhunderts richteten sich die Politiker in den wichtigsten Staaten Europas an ihr aus.

Nikolaus Piper: Geschichte der Wirtschaft. Weinheim/Basel/Berlin: Beltz & Gelberg 2002, S. 103/104.

Der Staat soll sich heraushalten

Adam Smith ging davon aus, dass die Menschen ihr Eigeninteresse verfolgen, aber er stellte sich keine rücksichtslosen Egoisten vor. Jeder Mensch, so schrieb er in der „ Theorie der ethischen Gefühle“, strebt nach „Sympathie“ – er möchte seinen Mitmenschen gefallen. Deshalb sitzt in der Seele ein „unparteiischer Beobachter“, der sein Verhalten aus der Sicht der Mitmenschen kritisch überprüft.

Wenn die Wirtschaft sozusagen von Natur aus vom Eigeninteresse der Menschen bestimmt wird, dann hat das gravierende Folgen für die Wirtschaftspolitik der Regierungen. Nach den Prinzipien von Adam Smith soll sich der Staat weitgehend aus der Wirtschaft heraushalten. Schließlich wissen die einzelnen Bürger am besten, was ihr Eigeninteresse ist, und nicht der König oder seine Beamten.

Im Besonderen verfocht Adam Smith das Prinzip des Freihandels, also der freien Ein- und Ausfuhr von Waren. Zölle lehnte er ab, und er vertrat die Meinung, ausländisches Getreide solle ohne Zölle oder andere Erschwernisse nach England geliefert werden können. Nachdrücklich wandte sich Smith gegen die Politik der Merkantilisten, die Einfuhr von Fertigwaren nach England mit Zöllen zu erschweren und die Einfuhr von Rohmaterialien zu fördern. Durch diese Politik würden die Produkte für die englischen Verbraucher nur unnötig teuer. Auf die Verbraucher jedoch kommt es an, schrieb Smith. „Der Verbrauch allein ist Ziel und Zweck einer jeden Produktion, daher sollte man die Interessen der Produzenten eigentlich nur so weit beachten, wie es erforderlich sein mag, um das Wohl der Konsumenten zu fördern [...]. Augenscheinlich wird aber das Interesse der einheimischen Konsumenten dem der Produzenten geopfert, wenn die Einfuhr aller ausländischen Erzeugnisse eingeschränkt wird, die in Konkurrenz zu den eigenen treten können. Nur zum Nutzen der Produzenten wird dadurch der Verbraucher gezwungen, den überhöhten Preis zu zahlen, der durchweg auf dieses Monopol zurückzuführen ist.“

Smith‘ Argumente für den Freihandel verfeinerte noch David Ricardo, der zweite der großen klassischen Nationalökonomen.

Nikolaus Piper: Geschichte der Wirtschaft. Weinheim/Basel/Berlin: Beltz & Gelberg 2002, S. 105.

Aufgaben

1. Interpretieren Sie den Begriff der unsichtbaren Hand in der Theorie von Adam Smith.
2. Begründen Sie, warum sich der Staat nach Ansicht von Smith aus der Wirtschaft heraushalten soll. Nehmen Sie dazu kritisch Stellung.
3. Definieren Sie mit eigenen Worten den Begriff Wirtschaftsliberalismus.
4. Halten Sie Kurzreferate über Adam Smith und David Ricardo. Verwenden Sie als Literaturgrundlage Heinz D. Kurz: Klassiker des ökonomischen Denkens. Von Adam Smith bis Alfred Marshall. München: C. H. Beck 2008, Bd. 1 und 2.
5. Schauen Sie sich zum Thema Marktwirtschaft auch das Video „Ökonomie in 90 Sekunden“ an: 

KV 16

Milton Friedman: Der Markt braucht Freiheit

Kurz vorgestellt: Milton Friedman

Der US-Amerikaner Milton Friedman (1912–2006) war einer der bedeutendsten Wirtschaftswissenschaftler des 20. Jahrhunderts und Vertreter eines klassischen Wirtschaftsliberalismus im Sinne von Adam Smith. Er ist Mitbegründer der Chicago School of Economics und untersuchte die Funktion des Konsums auf dem Markt. Milton Friedmann entwickelte eine umfassende Theorie der Geldstabilität, für die er 1996 den Wirtschaftsnobelpreis erhielt.

Freiwillige Kooperation

Als Liberale sehen wir in der Freiheit des Individuums und vielleicht noch in der Freiheit der Familie das höchste Ziel aller sozialen Einrichtungen. In diesem Sinne hat Freiheit als ein Wert etwas mit den Beziehungen der Menschen untereinander zu tun. Für Robinson Crusoe auf seiner einsamen Insel hatte sie keine Bedeutung (Robinson ohne seinen Freitag). Robinson Crusoe auf seiner Insel ist „Zwängen“ unterworfen, er hat beschränkte „Kräfte“, und er hat nur eine begrenzte Anzahl von Alternativen. Doch es besteht kein Problem für die Freiheit in einem Sinne, der für unsere Diskussion relevant werden könnte. Genauso sagt in einer Gesellschaft die Freiheit nichts darüber aus, was ein Individuum mit dieser Freiheit macht; es ist keine allumfassende Ethik. Tatsächlich ist es eines der Hauptziele des Liberalismus, die ethischen Probleme dem Individuum zu überlassen, damit es mit diesen Problemen allein fertig werden kann. Die „wirklich“ wichtigen ethischen Probleme sind solche, denen ein Individuum in einer freien Gesellschaft gegenübersteht: Nämlich zum Beispiel das Problem, was er mit seiner Freiheit anfangen soll. Daher gibt es zwei verschiedene Arten von Werten, die ein Liberaler für wichtig hält: die Werte, die für die Beziehungen der Menschen untereinander wichtig sind. In diesem Zusammenhang wird er der Freiheit die absolute Priorität einräumen. Und zum Zweiten die Werte, die für das Individuum bei der Ausübung seiner Freiheit wichtig sind. Hierhin gehört die liberale Ethik und Philosophie. [...]

Das Grundproblem der sozialen Organisation lautet: Wie kann man die wirtschaftlichen Aktivitäten einer großen Menge von Menschen koordinieren? [...]

Grundsätzlich gibt es nur zwei Arten, die wirtschaftlichen Aktivitäten von Millionen von Menschen zu koordinieren: Die eine ist die zentral gelenkte, wobei mithilfe von Zwangsmaßnahmen gearbeitet wird, also mit Techniken, wie sie Armeen und totalitäre Staaten anwenden. Die zweite Art ist die freiwillig gesteuerte, also die Kooperation einzelner Individuen, wie man sie auf jedem Marktplatz erleben kann.

Die Möglichkeit der Koordination durch freiwillige Kooperation basiert auf der elementaren – freilich häufig verneinten – Voraussetzung, dass beide Parteien einer wirtschaftlichen Transaktion von ihr profitieren, vorausgesetzt, die Transaktion geschieht auf beiden Seiten freiwillig und in vollem Wissen darüber, was geschieht.

Der Austausch kann daher Koordination ohne Zwang herbeiführen. Das funktionierende Modell einer Gesellschaft, die durch das Mittel des freiwilligen Austausches organisiert wird, ist die freie, auf privatem Unternehmertum basierende Marktwirtschaft – was wir den Wettbewerbs-Kapitalismus genannt haben.

Milton Friedman: Kapitalismus und Freiheit. Piper: München 2020, 12. Auflage, S. 35–36.

Der Markt sichert die wirtschaftliche Freiheit

Solange die effektive Freiheit des Austausches gewahrt bleibt, ist das Hauptkennzeichen der Marktwirtschaft, dass sich niemand in die Angelegenheiten eines anderen einmischen kann. So ist der Verbraucher vor einem Druck durch den Verkäufer dadurch gesichert, dass es andere Verkäufer gibt, bei denen er kaufen kann. Ebenso ist der Verkäufer dadurch vor einem Zwang durch den Konsumenten geschützt, dass er mit anderen Konsumenten abschließen kann. Der Angestellte ist vor Nötigungen seitens des Arbeitgebers dadurch geschützt, dass er für andere Arbeitgeber arbeiten kann, und so weiter. All das wird auf dem Markt ohne eine zentrale Instanz erreicht.

Eine der Hauptursachen für die Gegnerschaft zur freien Wirtschaft ist gerade die Tatsache, dass sie ihre Aufgaben so gut erfüllt. Sie gibt den Menschen das, was sie wollen, und nicht das, was ihnen eine bestimmte kleine Gruppe aufzwingen will. Hinter den meisten Argumenten gegen den freien Markt steckt der mangelnde Glaube in die Freiheit selbst.

Die Existenz eines freien Marktes ersetzt natürlich nicht die Notwendigkeit einer Regierung. Im Gegenteil: Die Regierung ist einmal wichtig als das Forum, das die „Spielregeln" bestimmt, und zum anderen als der Schiedsrichter, der über die Regeln wacht und sagt, ob sie auch richtig ausgelegt wurden. Die große Leistung des Marktes besteht darin, dass er die Anzahl der Probleme reduziert, die mithilfe politischer Maßnahmen entschieden werden müssen. Der Markt hilft dabei, den Umfang zu minimieren, in dem die Regierung direkt in das Spiel eingreift. Das charakteristische Merkmal einer Maßnahme, die mit politischen Mitteln durchgeführt wird, ist meistens ihre Konformität. Der große Vorteil des Marktes dagegen ist: Er ermöglicht eine große Verschiedenheit. Oder politisch ausgedrückt: Es ist ein System der proportionalen Repräsentation. Jeder kann sich also die Farbe seiner Krawatte aussuchen und sie dann auch bekommen. Er muss sich nicht danach richten, was die Mehrheit will, um dann als Minderheit klein beizugeben. Diese Eigenschaft des Marktes meinen wir, wenn wir sagen: Der Markt sichert die wirtschaftliche Freiheit.

Milton Friedman: Kapitalismus und Freiheit. Piper: München 2020, 12. Auflage, S. 38.

Aufgaben

1. Schreiben Sie auf, ob Sie Milton zustimmen, dass der Markt die größtmögliche Freiheit braucht. Vergleichen Sie Ihre Statements im Kurs.

   Ich stimme Milton (nicht) zu, ...

   ....

   ....

   ....

2. Erklären Sie mit eigenen Worten den Freiheitsbegriff Miltons. Markieren Sie sich zuvor die entsprechenden Stellen im Text.
3. *Projektvorschlag:* Wie lässt sich aus Ihrer Sicht Unternehmertum fördern? Recherchieren Sie im Netz, welche Möglichkeiten es in der Bundesrepublik für junge Start-up-Unternehmen gibt.
4. *Weiterdenken für Interessierte:* Lesen Sie das Kapitel „Die Rolle des Staates in einer freien Gesellschaft" in dem oben angeführten Buch auf den Seiten 46–60.

John Maynard Keynes: In Krisenzeiten muss der Staat eingreifen

Kurz vorgestellt: John Maynard Keynes
Der britische Ökonom John Maynard Keynes (1983–1946) erlebte die Weltwirtschaftskrise Ende der 1920er Jahre. Er verließ deshalb die liberalistische Position, um die krisengeschüttelten Volkswirtschaften Europas anzukurbeln und dachte neu über die Rolle des Staates in der Wirtschaftspolitik nach.

John Maynard Keynes strebte eine zentrale staatliche Intervention in die Wirtschaft an. Sie sollte zu einer Steigerung des Volkseinkommens und damit zu einer größeren Güternachfrage führen. Keynes erhoffte sich dadurch ein langfristiges Wirtschaftswachstum. Deshalb empfahl er als Berater der britischen Regierung, sie solle zur Ankurbelung der in den 1930er Jahren krisengeschüttelten Wirtschaften Europas und Amerikas über die Steuer- und Arbeitsmarktpolitik zeitlich begrenzte zusätzliche Beschäftigungsmöglichkeiten schaffen, um kurzfristig jene dringend benötigte Binnennachfrage zu fördern, damit die Wirtschaft wieder anspringen kann.

Keynes' Theorie beeinflusst bis heute die Wirtschaftspolitik vieler Staaten, wurde jedoch auch heftig kritisiert, beispielsweise von Milton Friedman. Denn wenn der Staat in die Wirtschaft eingreift, muss er seinen Haushalt beispielsweise über Neuverschuldung oder Steuersenkungen belasten. Milton Friedman stellte deshalb die Frage, warum der Staat denn Arbeitsplätze schaffen solle, die eine in der Rezession steckende Wirtschaft von sich aus nicht nachfragt? Wann ist, so Friedman, die Grenze von notwendiger Wirtschaftsstimulation zum drohenden Staatsbankrott überschritten? Wirtschaftsethisch fordert Keynes mit seinem Interventionskonzept, dass es die Pflicht des Staates sein sollte, genau dann stärker als Akteur in der Wirtschaft aufzutreten, wenn private Unternehmen Schwierigkeiten haben.

Aufgaben

1. Skizzieren Sie in einem Satz die Chancen und Risiken eines staatlichen Eingriffs in die Wirtschaft.

   Chancen und Risiken einer staatlichen Intervention bestehen für mich darin, ...

   ....

   ....

   ....

2. *Projektvorschlag:* Informieren Sie sich über John Maynard Keynes und seine Theorie wirtschaftlicher Intervention.
3. *Wir debattieren:* Führen Sie eine Debatte darüber, ob sich der Staat verschulden darf, um das Wirtschaftswachstum anzukurbeln. Notieren Sie zunächst Ihren Standpunkt auf der Rückseite des Blattes als Einzelarbeit.

Rettungsschirme für Unternehmen im 21. Jahrhundert?

Jakob jobbt ab und zu in einem Restaurant in der Küche. Während der Corona-Pandemie in den Jahren 2020–2022 hatte er seinen Aushilfsjob allerdings verloren, während sein Chef von der Bundesregierung mit Corona-Hilfen finanziell unterstützt wurde.
„Das ist ziemlich ungerecht", sagt Jonas zu seinem Freund Johnny. „Ich hab meinen Job verloren, und mein Chef bekommt Geld für sein geschlossenes Restaurant.
„Ich finde das völlig in Ordnung", antwortet Johnny. „Das Restaurant deines Chefs ist dadurch nicht pleite gegangen, die Mitarbeiterinnen und Mitarbeiter waren in Kurzarbeit und du hast jetzt deinen Nebenjob wiederbekommen. Warum beklagst du dich eigentlich?"

Kurz erklärt: Was ist ein finanzieller Rettungsschirm für Unternehmen?
Durch das Coronavirus gerieten kleinere, aber auch größere Unternehmen wie die Deutsche Lufthansa AG durch verschiedene Quarantänemaßnahmen wie Lockdowns unverschuldet in Zahlungsschwierigkeiten; viele Arbeitsplätze waren bedroht. Deshalb beschloss die Bundesregierung die Errichtung eines Wirtschaftsstabilisierungsfonds (WSF) während der Pandemie. Er kam auch in der Energiekrise in den Jahren 2022–2024 zum Einsatz.
Der WSF war Teil des Schutzschilds der Bundesregierung gegen die wirtschaftlichen Folgen der Corona-Pandemie bzw. des Ukraine-Krieges. Er gewährte den Unternehmen finanzielle Hilfen zur Überbrückung von Produktionsausfällen während der Pandemie bzw. einen Energiekostenzuschuss während der Energiekrise.

Aufgaben

1. Schreiben Sie auf, ob Sie eher die Position von Jakob oder Johnny vertreten. Begründen Sie Ihre Entscheidung.

   Ich stimme Jakob/Johnny zu, weil ....

   ....

   ....

   ....

   ....

   ....

2. Legen Sie mündlich dar, was John Maynard Keynes (KV 17) und Milton Friedmann (KV 16) zum WSF sagen würden.
3. *Projektvorschlag:* Recherchieren Sie im Netz zu den konkreten Maßnahmen der finanziellen Rettungsschirme der Bundesregierung.
4. Gestalten Sie eine Talkshow mit Milton Friedman (KV 16) und John Maynard Keynes (KV 17) über den Sinn und Zweck von Rettungsschirmen. Bereiten Sie diese in kleinen Gruppen vor.

Oswald von Nell Breuning: Marktwirtschaft als Sozialprozess

Kurz vorgestellt: Oswald von Nell-Breuning

Der katholische Theologe, Philosoph und Nationalökonom Oswald von Nell-Breuning (1890–1991) ist Mitbegründer der katholischen Soziallehre. In seinen 1 800 Veröffentlichungen stehen Fragen der Menschenwürde und Solidarität im Wirtschaftsprozess im Mittelpunkt. Nell-Breuning lehrte als Professor für Sozial- und Wirtschaftsethik in Frankfurt am Main und am Wissenschaftlichen Institut des Deutschen Gewerkschaftsbundes. Er setzte sich u. a. für die Vermögensbeteiligung und Mitbestimmung von Arbeitnehmerinnen und Arbeitnehmern in den Unternehmen ein.

Was der eine zur Verfügung hat, fehlt dem anderen

Soll der Mensch, der bereits als von Natur gesellschaftliches Wesen in die Wirtschaft eintritt, in ihr sein Menschtum zur Entfaltung und vollen Reife bringen, dann muss diese Wirtschaft mehr als bloß ein Raum sein, in dem Interaktionen stattfinden; sie muss selbst ein gesellschaftliches Geschehen, ein Sozialprozess sein.

Interaktionen ergeben sich von selbst, sind unvermeidlich. Durch jede Verfügung, die ein Mensch über Sachmittel trifft, gestaltet er nicht nur seine eigenen Daseinsbedingungen und verwirklicht insoweit sich selbst, sondern wirkt zugleich auch auf die Daseinsbedingungen anderer ein, zieht sie in irgendeinem geringeren oder höheren Maße in Mitleidenschaft. Wo dieser eine steht, kann kein anderer stehen; was dieser eine sein eigen nennt, ist eben damit der Einwirkung, erst recht also der freien Verfügung jedes anderen entzogen; was dieser eine verbraucht, ist für die Bedarfsdeckung anderer nicht mehr da; was dieser eine für sich gebraucht und fruchtbringend nutzt, dient eben damit ihm und seinen Zielen oder zu seinem Nutzen, kann und wird jedoch in sehr vielen Fällen zugleich auch anderen zum Vorteil oder zum Nachteil gereichen. Kaum jemals werden die aus den Wahlhandlungen und Entschlüssen eines einzelnen oder einer Gruppe erfließenden Handlungen (Taten oder Unterlassungen) ausschließlich das von ihren Urhebern erstrebte oder bezweckte Ergebnis herbeiführen; so gut wie immer werden sie zugleich auch außerhalb des Interessenkreises ihrer Urheber liegende Folgen oder Wirkungen (sogenannte „externe Effekte“) auslösen, von denen andere im Guten oder Bösen betroffen werden.

Das alles überschreitet noch nicht den Bereich der bloßen (physischen) Interaktion; es beweist, dass Wirtschaft von ihrer gegenständlichen Seite her gesehen bereits kein bloßer Individualprozess ist, reicht aber nicht aus, um sie in anthropologischer Sicht, das heißt von den Menschen als ihren Trägern, von den an ihr teilnehmenden Wirtschaftssubjekten und deren Verhalten her, als echten Sozialprozess auszuweisen.

Oswald von Nell-Breuning: Gerechtigkeit und Freiheit. Grundzüge katholischer Sozialehre. Europa: Wien 1980, S. 161–162.

Kampf aller gegen alle?

Die Inanspruchnahme von Ressourcen durch ein Wirtschaftssubjekt entzieht sie aber zugleich auch der Verfügung aller anderen; die Verfügungsakte der einen verengen die Räume oder verschließen sie sogar völlig, innerhalb derer andere schalten und walten und Verfügungen treffen können. Damit ist die Gefahr gegeben, dass es nicht zur Selbstverwirklichung aller als vernunftbegabte und für ihr Tun und Lassen verantwortliche Menschen als Glieder der menschlichen Gesellschaft kommt, sondern zum wilden Kampf aller gegen alle mit dem Ergebnis wechselseitiger Vernichtung. Darum muss auf irgendeine Weise vorgekehrt sein, dass die Wahlhandlungen der einzelnen und die von ihnen getroffenen Verfügungen zum Mindesten über Güter, deren Knappheit bereits spürbar ist oder in absehbarer Zeit sich spürbar geltend machen wird, nicht nur ihr wohlverstandenes Eigeninteresse bedenken und wahren, sondern auch auf die Bedürfnisse und Ansprüche anderer insoweit Rücksicht nehmen, dass ein irgendwie vernünftig geordnetes Zusammenspiel zustande kommt, das mit Recht die Bezeichnung „Sozialprozess" führt, ein Zusammenspiel, bei dem alle zu ihrem Recht, zu ihrer Persönlichkeitsentfaltung und Selbstverwirklichung gelangen oder jedenfalls, soviel an ihnen liegt, gelangen können.

Damit steht fest: der Sozialprozess der Wirtschaft benötigt, um nicht zu einem Kampf aller gegen alle zu entarten, einer verbindlichen gesellschaftlichen und politischen Ordnung.

Oswald von Nell-Breuning: Gerechtigkeit und Freiheit. Grundzüge katholischer Soziallehre. Europa: Wien 1980, S. 163–164.

Aufgaben

1. Erklären Sie schriftlich mit eigenen Worten, was Nell-Breuning unter einer Marktwirtschaft als Sozialprozess versteht. Stützen Sie sich dabei auf den ersten Text.

   Wirtschaft als Sozialprozess ist ....

   ....

   ....

   ....

   ....

   ....

2. *Projektvorschlag:* Erarbeiten Sie durch eigene Recherchen ein Porträt von Oswald von Nell-Breuning. Stellen Sie vor allem die wesentlichen Merkmale seiner Soziallehre zusammen.
3. Interpretieren Sie mündlich den letzten Satz des zweiten Textes.
4. Der Gedanke vom „Kampf aller gegen alle" stammt von dem englischen Philosophen Thomas Hobbes (1588–1679) aus seiner Schrift „Leviathan". Wiederholen Sie, was damit gemeint ist.
5. *Wir philosophieren:* Warum soll die Wirtschaft ein Sozialprozess sein? Positionieren Sie sich zu dieser These.

KV 20

Kein Laissez-faire: soziale Marktwirtschaft

Aufgaben

1. Setzen Sie die Begriffe unter dem Text in die Lücken ein und fassen Sie anschließend mit eigenen Worten die Besonderheiten der sozialen Marktwirtschaft zusammen.

Auch die soziale Marktwirtschaft setzt auf den ....

im Sinne von .... Das Laissez-faire wird allerdings durch

.. eingeschränkt. Der Staat übernimmt, wie

von .... gefordert, eine starke Rolle. Er setzt mit

Maßnahmen wie .... und ....

den rechtsstaatlichen Rahmen der Wirtschaft. Der soziale Ausgleich für die schwächeren

Mitglieder der Gesellschaft erfolgt über das ....

und andere ....

Zu den rechtsstaatlichen Aufgaben des Staates gehören auch die ....

.. sowie Maßnahmen zum

..

Der Initiator der sozialen Marktwirtschaft in Deutschland war ....

Fusionskontrolle, sozialen Ausgleich, Steuersystem,
Ludwig Erhard, Umwelt- und Klimaschutz, John Maynard Keynes, freier Marktwirtschaft,
Kartellverbot, sozialen Sicherungssysteme, Durchsetzung von Verträgen auf der
Grundlage von Gesetzen, staatliche Maßnahmen

2. *Projektvorschlag:* Recherchieren Sie im Netz zu Ludwig Erhard und der Entwicklung der sozialen Marktwirtschaft in der Bundesrepublik. Gestalten Sie dazu eine digitale Präsentation.
3. Erklären Sie den Zusammenhang zwischen dem Bild und der sozialen Marktwirtschaft.
4. Schauen Sie sich dazu auch das folgende Video an: 

KV 21

Wir debattieren: Bedarfsgüter oder Luxusgüter?

Der amerikanische Philosoph Konstantin Kolenda (1923–1997) hat sich u. a. mit der Frage beschäftigt, ob die verstärkte Produktion von Luxusgütern sozial vertretbar ist?

> Viele der Produkte, die wir kaufen, sind z. B. Luxus- aber keine Bedarfsgüter. Wenn diese Dinge auf den Markt kommen und vielfältige Interessen und Bedürfnisse wecken, so bieten sie Anlass zu einigen ethischen Fragestellungen. So muss man sich beispielsweise fragen, ob es sozial verträglich ist, eine große Anzahl von Luxusgütern zu produzieren, ohne die wir durchaus leben könnten, wenn auf der anderen Seite notwendige Bedarfsgüter nicht allen Menschen verfügbar sind? Sollte der Staat beispielsweise einige seiner Angelegenheiten in private Hände geben, wenn z. B. öffentliche Dienstleistungen wie das Transportwesen nicht funktionieren? Ist es moralisch vertretbar, wenn geschäftstüchtige Unternehmer den Wunsch nach Luxusartikeln durch eine ausgeklügelte Werbung „schaffen", zumal anstelle der Luxusgüter bessere Bedarfsgüter produziert werden könnten? Ist es richtig, wenn in einem Land mehr Mittel für Kosmetik ausgegeben werden als für die Bildung?
>
> *Konstantin Kolenda: Ethik für die Jugend. Verlag für Kinder und Eltern: Hamburg 1996, S. 74.*

Aufgaben

1. Klären Sie mündlich den Begriff Luxusgüter anhand von Beispielen.
2. Formulieren Sie Pro- und Kontra-Argumente hinsichtlich der Frage, ob es sozial verträglich ist, eine große Anzahl von Luxusgütern zu produzieren, wenn auf der anderen Seite für viele Menschen auf der Welt wichtige Bedarfsgüter fehlen.

Argumente für die Produktion einer großen Anzahl von Luxusgütern: ....

....

....

....

Argumente gegen die Produktion einer großen Anzahl von Luxusgütern: ....

....

....

....

3. *Wir debattieren:* Organisieren Sie nun eine Debatte zu dem marktwirtschaftlichen Problem.

4. Schauen Sie sich zu diesem Thema auch den Film Luxusmarkt und Luxusgüter an: 

Nils Ole Oermann: Digitale Share Economy

Aydan und Miroslaw nähen Stoffpuppen und vertreiben sie über ihren eigenen YouTube-Kanal. Sie können sich damit ein erweitertes Taschengeld leisten und wollen nach dem Schulabschluss ihr eigenes Start-up gründen. Ihre Eltern sind skeptisch. Vor allem Aydans Mutter ist vehement gegen die steigenden Internet-Verkäufe. „Wenn das so weitergeht", sagt sie, „dann können wir die Innenstädte bald dicht machen, weil es dann keine richtigen Läden mehr gibt."

Aufgabe

1. Schreiben Sie auf, was Sie der Mutter an Aydans und Miroslaws Stelle antworten würden. Vergleichen Sie Ihre Ideen im Kurs.

Ich würde Aydans Mutter antworten: ....

....

....

....

....

....

Wirtschaftsethik – quo vadis?

Wohin sich die Wirtschaftsethik entwickelt, hängt vor allem davon ab, wie sich Marktwirtschaft und Kapitalismus global entwickeln. Auch wenn Zukunftsprognosen kaum möglich sind, scheint eines klar: Die Marktwirtschaft des 21. Jahrhunderts wird nicht nur globaler, sondern vor allem digitaler, was eine Beschleunigung der Transaktionen und eine Senkung von Transaktionskosten nach sich ziehen dürfte, vielleicht aber auch eine massive Reduktion von Arbeitsplätzen, wie manche meinen. Unternehmer wie ganze Volkswirtschaften entwickeln durch ihre digitale Vernetzung ganz neue Geschäftsmodelle, indem sie sich Ressourcen effizienter und damit im Ergebnis zu einem niedrigeren Preis teilen. Ein Beispiel dafür wäre die immer beliebter werdende Share Economy, in der Konsumenten zu „Prosumenten" werden, also Produzenten, die gleichzeitig als Konsumenten subsidiär[(1)] immer mehr Güter und Dienstleistungen selbst produzieren und digital zum Tausch oder Kauf anbieten. Das gibt den Kunden insbesondere in den Industrienationen, die über die notwendigen technischen Voraussetzungen verfügen, größere Einflussmöglichkeiten, glaubt man der ökonomischen Theorie einer Share Economy.

(1) helfend, unterstützend, behelfsmäßig

Nils Ole Oermann: Wirtschaftsethik. Vom freien Markt zur Share Economy. C. H. Beck: München 2018, 2. Auflage, S. 116/117.

Share Economy als Bedrohung?

Menschen überall auf der Welt lesen nicht nur weniger Zeitungen aus Papier und frequentieren weniger Warenhäuser und Bankfilialen, sondern sie transferieren durch ihre Kaufentscheidungen immer größere Teile der globalen Marktwirtschaft in den digitalen wie häuslich-privaten Raum. Mit Hilfe von 3D-Druckern entwerfen und fertigen immer mehr Menschen ihre eigenen Produkte [...].

Ein Beispiel aus der Gegenwart dieser digitalen Tauschwirtschaft ist der Wohnungs- und Hotelmarkt: AIRBNB vermittelt über 800 000 leerstehende Wohnungen zur Unterkunft, ohne auch nur eine einzige davon zu besitzen. Und über Online-Musikanbieter hat man Zugang zu Millionen von Musiktiteln, ohne eine einzige CD zu kaufen, indem man sie mit dem Besitzer auf Zeit teilt. All dies sind Beispiele dafür, wie sich im Zeitalter der Digitalisierung die alte Idee vom freien Markt radikal verändert. Während Unternehmen Geld damit verdienten, indem sie für Produkte die Kosten reduzierten, gelingt es durch den digital angebahnten Tausch in der share economy, ein und dieselbe Sache effektiver zu nutzen (Carsharing) oder immer wieder zu replizieren (Musiktauschbörsen). Ökonomisch wird dies für jene zur Bedrohung, die auf klassischen Kanälen wie etwa Ladenzeilen diese Produkte angeboten haben, und für Firmen wie Google oder Facebook, die dadurch erfolgreich wurden, dass sie ein digitales Monopol auf die Kontrolle von Verkaufs- und Produktionskanälen und der dazu notwendigen Suchmaschinen und soziale Netzwerke ausüben.

Nils Ole Oermann: Wirtschaftsethik. Vom freien Markt zur Share Economy. C. H. Beck: München 2018, 2. Auflage, S. 117/118.

Aufgaben

2. Erklären Sie mit eigenen Worten und weiteren Beispielen den Begriff Share Economy.
3. Teilen Sie die Auffassung des Autors, dass die Share Economy den klassischen Markt bedroht? Begründen Sie Ihren Standpunkt.
4. *Mit Gedanken experimentieren:* Stellen Sie sich vor, Sie arbeiten für eine Marketing-Firma und sollten ein Symbol für die Share Economy entwerfen. Gestalten Sie in der Umrandung dazu eine Skizze. Bewerten Sie anschließend Ihre Symbole im Kurs.

KV 23

Carola Meier-Seethaler: Marktwirtschaft und Digitalisierung

Die Schweizer Philosophin und Psychologin Carola Meier-Seethaler (geb. 1954) beschreibt in ihrem vieldiskutierten Buch „Gefühl und Urteilskraft" die Lebensbedingungen in den modernen Industriegesellschaften. Sie sieht in den digitalen Spitzentechnologien eine ernste Gefahr für die Arbeitsplätze rund um den Globus.

Hochautomatisierte Produktionsstätten können heute an jedem beliebigen Ort der Welt entstehen, und die Standortwahl hängt nur noch von den Rahmenbedingungen wie der Nähe zum angepeilten Markt, geringen Umwelt- und Sozialvorgaben und Steuervergünstigungen ab.

Es kann also keine Rede davon sein, dass die neuen Spitzentechnologien wesentlich dazu beitragen würden, die verlorengehenden Arbeitsplätze in den traditionellen Industriezweigen zu ersetzen, denn sie alle – einschließlich der gentechnologischen Produktionsweise – benötigen nur eine kleine Gruppe von Spezialisten – Forschern, Ingenieuren, Programmierern etc. – und eine ebenso kleine Menge an Personal, das ihnen zuarbeitet. Das elegante Schlagwort vom „schlanken Unternehmen" ist nur eine Chiffre für das Abschütteln überflüssiger Arbeitskräfte.

Auf diese Weise spalten sich auch die bisherigen Wohlstandsgesellschaften des Nordens in reiche und arme Bevölkerungsteile auf, was in den USA 1992 folgende Verteilung ergab: Eine kleine Elite von nur einem halben Prozent besitzt über 50 % allen privaten Geschäftsvermögens. Eine nächste Gruppe hochqualifizierter Beschäftigter (4 %) bildet die eigentliche Steuerungs-Crew der High-Tech-Wirtschaft, also vor allem Wissenschaftler und Topmanager, die zusammen mit weiteren 16 % gut ausgebildeter Fachleute ein höheres jährliches Einkommen beziehen als die übrigen $^4/_5$ der Bevölkerung.

Carola Meier-Seethaler: Gefühl und Urteilskraft. C. H. Beck: München 1997, S. 354/355.

Aufgaben

1. Geben Sie dem Foto und den Textabschnitten eine passende Überschrift.
2. Erklären Sie den Zusammenhang zwischen Digitalisierung, Einkommen und Wohlstand.
3. *Wir philosophieren:* Gehen Sie davon aus, dass unsere Gesellschaft künftig nur noch Arbeitsplätze für Spezialistinnen uns Spezialisten bereitstellen wird? Begründen Sie Ihren Standpunkt.

KV 24

Rechtlicher Exkurs: Verträge als Grundlage der Marktwirtschaft

Kurz erklärt: Was ist ein Vertrag?

Als Vertrag wird eine freiwillige Übereinkunft zwischen mindestens zwei Personen oder Unternehmen bezeichnet. Er kommt durch zwei Willenserklärungen zustande und richtet sich häufig auf den Erwerb bzw. Verkauf einer Sache. Am bekanntesten sind die alltäglichen Kaufverträge, bei denen sich die Parteien darüber einigen, dass ein bestimmter Gegenstand, die Kaufsache, an den Käufer übergehen soll und dieser den Kaufpreis dafür bezahlt. Wann und wie er gezahlt wird, ist von den vertraglichen Inhalten abhängig und kann dementsprechend variieren. Wichtig ist in jedem Fall, dass sich die Parteien über den Vertragsinhalt einig sind und diesen jeweils zur Kenntnis genommen haben. Verträge können grundsätzlich formfrei (also auch mündlich) geschlossen werden.

Vertragsfreiheit und Marktwirtschaft

Grundlage der Marktwirtschaft ist das Prinzip der Vertragsfreiheit. Dies bedeutet, dass alle ihre Vertragspartnerinnen und Vertragspartner frei wählen und mit diesen auch den Inhalt des Vertrags festlegen können. Niemand darf grundsätzlich dazu gezwungen werden, einen Vertrag mit irgendjemandem abzuschließen.

Das BGB legt auch eine Aufhebungsfreiheit von Verträgen fest. Sie gibt an, dass Verträge auch wieder aufgelöst werden können, wenn die Partnerinnen und Partner dies einvernehmlich wollen. Ein einseitiger Rücktritt von einem Vertrag ist nicht ohne Weiteres möglich. Hierzu gibt es u. a. Regelungen unter § 320–326 BGB.

Verträge im BGB

§ 433 Vertragstypische Pflichten beim Kaufvertrag

(1) Durch den Kaufvertrag wird der Verkäufer einer Sache verpflichtet, dem Käufer die Sache zu übergeben und das Eigentum an der Sache zu verschaffen. Der Verkäufer hat dem Käufer die Sache frei von Sach- und Rechtsmängeln(*) zu verschaffen.

(2). Der Käufer ist verpflichtet, dem Verkäufer den vereinbarten Kaufpreis zu zahlen und die gekaufte Sache entgegenzunehmen.

(*) Rechtsmängel bestehen beispielsweise dann, wenn Dritte ebenfalls Rechte auf die verkaufte Sache haben.

Aufgaben

1. Recherchieren Sie im Internet, ob mündliche Verträge (per Handschlag) „richtige Verträge" sind. Gibt es Verträge, die nicht mündlich geschlossen werden können?
2. Erklären Sie mit eigenen Worten, warum Verträge die Grundlage der Marktwirtschaft sind.
3. *Mit Gedanken experimentieren:* Skizzieren Sie mündlich eine Gesellschaft, in der es in der Wirtschaft keine Verträge gibt, wohl aber in Staat und Gesellschaft.
4. Schauen Sie sich zu Verträgen auch das folgende Video an: 
5. *Wir philosophieren:* Überlegen Sie, warum es wichtig ist, dass der Staat Gesetze erlässt, damit Verträge in der Wirtschaft eingehalten werden.

Fallbeispiel 3 (Ethik): Das Unternehmen Uber und die sozialen Standards

Das US-amerikanische Unternehmen Uber aus San Francisco vermittelt auch in Europa online Mietwagen mit Fahrern, sozusagen als eine Art Taxi-Share-Economy. Abgesehen von fehlenden rechtlichen Lizenzen, die auch in Deutschland zu verschiedenen gerichtlichen Auseinandersetzungen führten, haben 2014 Berliner Taxifahrerinnen und Taxifahrer eine Großdemonstration gegen Uber organisiert. Sie kritisierten, dass das Unternehmen die Fahrerinnen und Fahrer unter Tarif bezahle und keine festen Preise habe. Diese Praktiken würden die soziale Marktwirtschaft in Deutschland beeinträchtigen.

....

....

....

....

....

....

....

....

....

....

....

....

....

Aufgaben

1. Nehmen Sie kritisch Stellung dazu, dass die Firma Uber die soziale Marktwirtschaft beeinträchtigt. Wägen Sie bei Ihrer Entscheidung Pro- und Kontra-Argumente ab. Orientieren Sie sich bei Ihrer Antwort an ethischen Positionen dieses Kapitels, wie zum Beispiel an den Positionen von Milton Friedman oder Oswald von Nell-Breuning.

Fallbeispiel 4 (Recht): Kann der Kaufvertrag fürs Handy gekündigt werden?

Bastian hat sich in einem Laden in der City ein neues Handy gekauft. Als er feststellt, dass das neue online gekaufte Handy seiner Freundin Nadine von einer anderen Firma eine Übersetzungsfunktion hat, will er das bereits gekaufte neue Handy wieder zurückgeben.

....

....

....

....

....

....

....

....

....

Aufgaben

1. Entscheiden Sie schriftlich, ob Bastian das im Laden gekaufte neue Handy „einfach so" zurückgeben kann. Argumentieren Sie mit dem BGB.
2. Finden Sie heraus, ob Nadine ihr online gekauftes Handy zurückgeben könnte. Lesen Sie dazu auch:
3. Sprechen Sie im Kurs darüber, wie Bastian das Problem dennoch mit dem Verkäufer einvernehmlich lösen könnte. Unterbreiten Sie dazu Vorschläge an der Tafel oder dem Whiteboard.

KV 26

Gerecht verteilt?

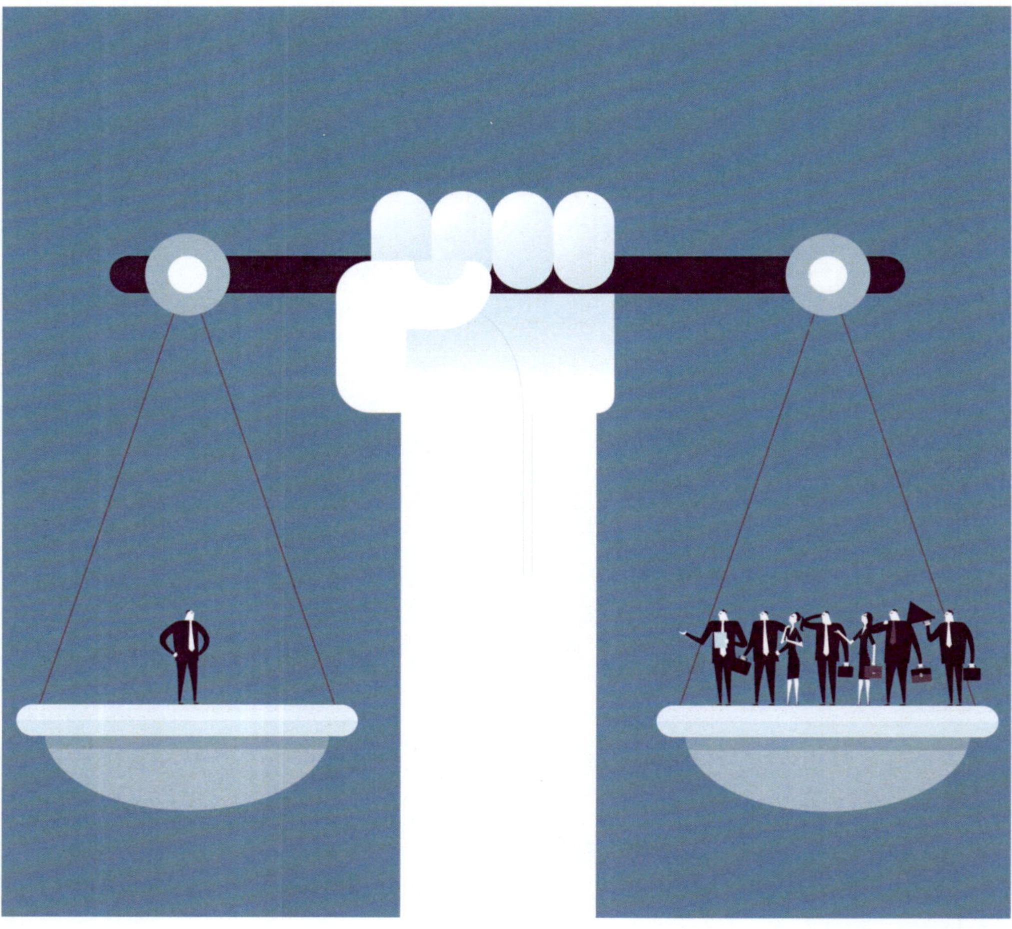

Aufgaben

1. Schreiben Sie auf, was das Bild mit Gerechtigkeit in der Wirtschaft zu tun haben könnte. Vergleichen Sie Ihre Ideen anschließend im Kurs.

....

....

....

....

....

....

2. Gestalten Sie auf der Rückseite des Blattes die Zeichnung so um, dass sie aus Ihrer Sicht Gerechtigkeit widerspiegelt. Legen Sie Ihre Skizzen anschließend in einen Kreis und diskutieren Sie darüber, inwieweit sie wirtschaftliche Gerechtigkeit zum Ausdruck bringen.
3. Welche Rolle sollte die Gerechtigkeit in einem guten Leben spielen?

KV 27

Was heißt gerecht verteilen?

Der griechische Philosoph Aristoteles (384–322 v. Chr.) unterschied zwei wichtige Formen der Gerechtigkeit: die austeilende und die ausgleichende Gerechtigkeit.
Die austeilende Gerechtigkeit richtet sich darauf, möglichst alle Menschen gleichmäßig mit lebensnotwendigen Gütern zu versorgen. Wenn ich also zum Geburtstag eine Burger-Party veranstalte, dann wäre es gerecht, allen Gästen einen Burger zu geben. Aber vielleicht gibt es ja einige Gäste, die gar keine Burger mögen und lieber etwas anderes essen wollen.

Hier kommt die ausgleichende Gerechtigkeit ins Spiel. Gerechtigkeit bedeutet nicht nur Gleichbehandlung, sondern auch Ausgleich zwischen einem Zuviel und einem Zuwenig. Wenn jemand keine Burger mag, dann ist es gerecht, ihm etwas anzubieten, das seinem Geschmack und seinen Bedürfnissen entspricht.
Die amerikanische Philosophin Martha Nussbaum (geb. 1947) fordert in Anlehnung an Aristoteles, dass der Staat durch ein Wohlfahrtssystem sicherstellen müsse, dass die Bürgerinnen und Bürger ausreichende Mittel erhalten, um ihren Lebensunterhalt zu bestreiten und ein gutes Leben zu führen.

Aufgaben

1. Erklären Sie mit eigenen Worten anhand von Beispielen mündlich den Unterschied zwischen austeilender und ausgleichender Gerechtigkeit.
2. Schreiben Sie einen Blog, was es für Sie bedeutet, ein gutes Leben zu führen. Vergleichen Sie Ihre Blogs in kleinen Gruppen.

Ein gutes Leben zu führen bedeutet für mich ....

....

....

....

....

....

....

....

....

....

3. *Wir philosophieren:* Stellen Sie einen Zusammenhang her zwischen der Gerechtigkeit und dem guten Leben.
4. *Mit Gedanken experimentieren:* Gestalten Sie mündlich eine Gedankenkette. Gerecht verteilen heißt … Jede bzw. jeder äußert einen Gedanken. Niemand darf wiederholen, was schon gesagt wurde.

KV 28 John Rawls: Ungleichheit ausgleichen

Der amerikanische Philosoph John Rawls (1921–2002) entwickelte im 20. Jahrhundert seine „Theorie der Gerechtigkeit", die universell gelten sollte.

Der Begriff „Theorie" soll ausdrücken, dass John Rawls einen wissenschaftlichen Anspruch erhebt und Expertenwissen für politische und wirtschaftliche Entscheidungen zur Verfügung stellen will. Rawls formuliert als Inhalt der Gerechtigkeit Fairness. Damit meint er eine angemessen gleiche Güterverteilung in der Gesellschaft (distributive Gerechtigkeit). Um diese zu begründen, nimmt er in Anlehnung an die Naturrechtstheorien des 17. und 18. Jahrhunderts einen Naturzustand an, den er Urzustand nennt. In diesem Urzustand besteht Fairness als gerechte Güterverteilung nicht; alle Menschen müssten aber wünschen, dass Fairness und gerechte Güterverteilung bestünden. In einem „Schleier des Nichtwissens", in dem keiner seine künftige Position in der Gesellschaft kennt, würden zwei Prinzipien gewählt:

1. Alle sollen das gleiche Recht auf ein umfangreiches System an Grundfreiheiten, wie zum Beispiel Gedanken- und Gewissensfreiheit, haben;

2. eine Verteilung materieller Güter sollte so erfolgen, dass von sozialen Ungerechtigkeiten auch die Schwächsten profitieren (Differenzprinzip).

Für Rawls hat das erste Prinzip Vorrang vor dem zweiten, da der Philosoph den Menschen möglichst einen großen Freiheitsspielraum verschaffen möchte, damit sie ihr Leben selbstbestimmt gestalten können. Dieser Ansatz wird als liberalistisch bezeichnet, im Sinne von größtmöglicher Freiheit für die Bürgerinnen und Bürger und wenig Intervention vonseiten des Staates.

Das zweite Prinzip regelt die Verteilungsgerechtigkeit. Es wird eine möglichst gleiche Verteilung von materiellen Gütern angestrebt, die jedoch auch soziale Ungleichheiten zulässt. Jemand kann mehr Eigentum als ein anderer besitzen; dann zahlt er aber auch höhere Steuern. Diese tragen wiederum dazu bei, zum Beispiel eine Grundsicherung für sozial Bedürftige zu finanzieren. Insofern profitieren auch sie von der ungleichen Güterverteilung.

Aufgaben

1. Notieren Sie zur Gerechtigkeit sozialer Ungleichheit Stichworte und beantworten Sie die Frage Warum ist für Rawls soziale Ungleichheit trotzdem gerecht? anschließend mündlich im Kurs.

....

....

....

....

....

....

2. Recherchieren Sie zur Biografie von John Rawls im Internet und erstellen Sie schriftlich ein Porträt von ihm.
3. *Wir philosophieren:* Erklären Sie, ob die beiden Prinzipien von Rawls in der Bundesrepublik Deutschland verwirklicht worden sind. Achten Sie auf Begründungen.

Umverteilen

Kurz vorgestellt: Thomas Piketty
Der französische Wirtschaftswissenschaftler Thomas Piketty (geb. 1971) beschäftigt sich mit den Ursachen sozialer und wirtschaftlicher Ungleichheit auf der Welt. Er fordert, dass es eine Umverteilung zwischen Kapital und Arbeit auf nationaler Ebene geben sollte, aber auch international. Dies sei eine Frage globaler Gerechtigkeit.

Aufgaben

1. Erklären Sie, was Sie unter Umverteilung national und international verstehen. Berücksichtigen Sie dabei auch das Foto. Werten Sie Ihre Ideen anschließend im Kurs aus.

Ich verbinde mit dem Begriff „umverteilen" auf nationaler Ebene ....

....

....

....

....

....

Ich verbinde mit dem Begriff „umverteilen" auf internationaler Ebene ....

....

....

....

....

2. Gestalten Sie in kleinen Gruppen eine Collage zum Thema „Umverteilen".

KV 30

Werden Arbeitsplätze in andere Länder ausgelagert?

Globalisierung und Gerechtigkeitsfolgen

Die Wirtschaft ist international geworden. Es scheint ganz normal für uns, in Hamburg oder München Produkte aus fernen Ländern zu kaufen. Es ist auch normal, dass Unternehmer aus Hamburg oder München nicht nur in Deutschland, sondern auch in Polen oder China neue Fabriken bauen und Mitarbeiter einstellen. Und alle großen Unternehmen, die Konzerne, produzieren und verkaufen ihre Produkte ohnehin in aller Herren Länder. Wenn es um, diese weltweiten Verflechtungen der Wirtschaft geht, dann reden die Fachleute und Politiker von „Globalisierung".

Genau das hat die Globalisierung allerdings auch ins Gerede gebracht. Viele Menschen hierzulande haben einfach Angst um ihre Arbeitsplätze. Häufig berichten die Zeitungen und das Fernsehen über große Firmen, die ihre neuen Fabriken nicht in Hamburg oder München bauen wollen, sondern in weit entfernten Ländern. Neue Stahlwerke entstehen dann in Brasilien, neue Chemiefabriken in China. Meistens liegt das daran, dass die Löhne in Brasilien oder in China viel niedriger sind als in Deutschland und die Unternehmen auf diese Weise Geld sparen können. Vor allem die einfachen Tätigkeiten, für die keine lange Ausbildung nötig ist, verschwinden als Erste in diese Länder. Und weil die Menschen dort viel weniger verdienen als hierzulande, reden die Politiker oft etwas hilflos und etwas böse über jene „Billiglohnländer".

Schließlich gibt es in Deutschland den Tarifvertrag, den die Gewerkschaftschefs und Firmenbosse miteinander ausgehandelt haben. Er schreibt vor, wie viel Geld die Beschäftigten für ihre Arbeit bekommen müssen. Weniger als diesen Lohn darf ein Unternehmer in Deutschland normalerweise nicht zahlen.

Cornelia Schmergal: Wirtschaftspolitik. Was geht mich das an? dtv: München 2005, S. 59/60 und 61.

Auswandern in billigere Länder?

Viele Chefs drohen jetzt aber, sie würden mit ihrer Firma einfach in billigere Länder übersiedeln. Damit sie das nicht tun, verlangen sie von ihren Beschäftigten, auf etwas Lohn zu verzichten. So war das auch bei Opel, einer großen, alteingesessenen Firma, die in Rüsselsheim und in Bochum Autos baut. Die Manager dachten darüber nach, ob es nicht besser wäre, die Autos in anderen Ländern zusammenschrauben zu lassen, wo die Löhne etwas günstiger sind – in Schweden, beispielsweise. Sie verlangten daher, dass ihre Mitarbeiter weniger Lohn bekommen müssten, damit das Unternehmen in Deutschland bleiben könne.

Allen Beschäftigten bei Opel hat das natürlich einen Schrecken eingejagt. Und es gibt noch viel mehr Unternehmen, die damit drohen, ihre Fabriken in andere Länder zu verlegen. Viele Menschen haben deshalb Angst vor der Globalisierung. Denn das alles könnte im schlimmsten Fall bedeuten, dass die Unternehmen vielleicht in Deutschland Beschäftigte entlassen.

Cornelia Schmergal: Wirtschaftspolitik. Was geht mich das an? dtv: München 2005, S. 61/62.

Aufgaben

1. Klären Sie mündlich den Begriff Globalisierung. Berücksichtigen Sie dabei auch das Bild und geben Sie diesem eine Überschrift.
2. *Wir philosophieren:* Erklären Sie schriftlich den Zusammenhang zwischen Globalisierung und Gerechtigkeit. Vergleichen Sie anschließend Ihre Ideen im Kurs.

Globalisierung und Gerechtigkeit ....

....

....

....

....

....

....

....

....

....

3. *Projektvorschlag:* Recherchieren Sie in Ihrer Umgebung, welche Unternehmen dort früher ansässig waren und warum sie ins Ausland verlagert wurden. Stellen Sie dazu eine Dokumentation zusammen.
4. *Weiterdenken für Interessierte:* Lesen Sie in dem oben angeführten Buch auf den Seiten 58–64 das Kapitel Globalisierung: Wandern Arbeitsplätze in andere Ländern aus? Stellen Sie die wesentlichen Gedanken im Kurs vor.

Fairtrade

Lieber die „ganz normalen" Produkte?

Tanja möchte für eine kleine Party mit Freunden Obst, Gemüse und Schokolade einkaufen. Sie hat dafür 50 Euro zur Verfügung. Als sie in den Supermarkt geht, bemerkt sie, dass die Produkte mit dem Fairtrade-Siegel viel mehr kosten als die „ganz normalen Produkte". „Kauf doch lieber die normalen Produkte", sagt ihre Freundin Melanie. „Dann haben wir alle mehr davon!"

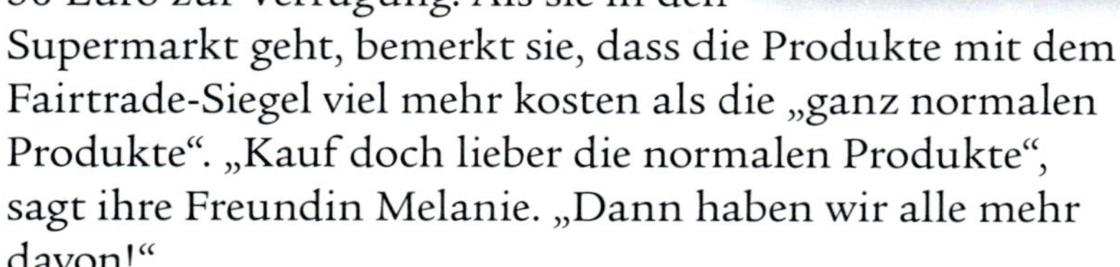

Was heißt Fairtrade?

Fairtrade ist eine internationale Bewegung. Produkte, die mit einem Fairtrade-Siegel gekennzeichnet sind, erfüllen konsistente[(1)] international gültige Standards. Wörtlich übersetzt bedeutet Fairtrade „fairer Handel", was Mission und Ziel beschreibt. 1,7 Millionen Menschen in Ländern des globalen Südens profitieren vom fairen Handel: von stabilen Preisen als Sicherheitsnetz gegen Preiseinbrüche auf dem Weltmarkt, einem zusätzlichen finanziellen Aufschlag – der Fairtrade-Prämie, von Richtlinien zu Arbeitsschutz und -sicherheit, festen Arbeitsverträgen, Verbot von Diskriminierung und ausbeuterischer Kinderarbeit sowie klaren Regeln zum nachhaltigen Umgang mit Wasser, Boden und Umwelt.

Eines der Alleinstellungsmerkmale von Fairtrade: Hier sind die Organisationen aus globalem Norden und Süden gleichberechtigt an Entscheidungsprozessen beteiligt. Im obersten Gremium des Dachverbands Fairtrade International halten die Produzentennetzwerke, die die Produzent:innen aus den Anbauländern repräsentieren, 50 Prozent des Stimmrechts.

Nationale Fairtrade Organisationen kümmern sich in ihren Ländern darum, den fairen Handel bekannter zu machen und den Verkauf von fair gehandelten Produkten zu fördern, denn Fairtrade verfolgt das Ziel, „Wandel durch Handel" herbeizuführen. In Deutschland steht der gemeinnützige Verein TransFair (Fairtrade Deutschland) hinter dem Fairtrade-Siegel.

Das einprägsame Fairtrade-Siegel macht auf einen Blick klar, ob ein Produkt fair gehandelt wurde, und erleichtert die Kaufentscheidung.

TransFair wurde 1992 von zehn Organisationen gegründet – darunter Brot für die Welt und Misereor – und wird heute von 36 Mitgliedsorganisationen aus Bereichen wie Entwicklungszusammenarbeit, Kirche, Sozialarbeit, Verbraucherschutz, Bildung, Politik und Umwelt getragen, Idee und Ziel der Gründungsorganisationen: Faire Produkte sollten flächendeckend in allen Verkaufskanälen verfügbar gemacht werden und für Verbraucherinnen und Verbraucher leicht erkennbar sein. So sollte der faire Handel aus der Nische in die breite Gesellschaft getragen werden. Die Idee des Produktsiegels war geboren.

(1) in sich schlüssig

Jahrbuch Nachhaltigkeit 2021. Metropolitan: Regensburg 2021, S. 219/220.

Aufgaben

1. *Mit Gedanken experimentieren:* Stellen Sie sich vor, Sie sind auf Tanjas Party eingeladen. Geben Sie Melanie eine Antwort auf ihren Vorschlag, „ganz normale Produkte" zu kaufen. Vergleichen Sie Ihre Ideen im Kurs.

....

....

....

....

....

....

2. Kommentieren Sie den Spruch aus dem Text „Wandel durch Handel".

Wandel durch Handel bedeutet ....

....

....

....

....

....

....

3. *Projektvorschlag:* Recherchieren Sie in Ihrem Discounter um die Ecke, welche Produkte dort mit „Fairtrade" gehandelt werden. Gestalten Sie dazu in kleinen Gruppen eine digitale Präsentation und werben Sie darin mit Argumenten aus dem Text für Fairtrade-Produkte.

4. Sprechen Sie im Kurs darüber, warum es wichtig ist, internationale Standards für Produkte aufzustellen.

5. *Wir philosophieren:* Diskutieren Sie im Kurs darüber, wie John Rawls die Fairtrade-Produkte unter Gerechtigkeitsaspekten bewerten würde (siehe hierzu die KV 28).

Schauen Sie sich zum Fairtrade auch das folgende Video an: 

KV 32

Mikrokredite gegen die Armut

Kurz erklärt: Muhammad Yunus und die Grameen Bank

Muhammad Yunus (geb. 1940) ist ein Wirtschaftswissenschaftler aus Bangladesch. Er gründete 1983 die Grameen Bank, deren Managing Director er bis 2011 gewesen ist. Diese Bank ermöglicht Menschen aus ärmeren Bevölkerungsschichten einen Mikrokredit aufzunehmen, um eine eigene Geschäftsidee zu verwirklichen, wie zum Beispiel eine Schneiderei zu eröffnen. Die Bank und Mohammad Yunus erhielten für ihr Engagement zur Armutsbekämpfung 2006 zu gleichen Teilen den Friedensnobelpreis. Muhammad Yunus ist ein Vertreter der sozialen Marktwirtschaft. Für ihn ist es wichtig, dass es in einer marktwirtschaftlich orientierten Gesellschaft auch Sozialunternehmen wie die Grameen Bank gibt, deren oberstes Ziel nicht in der Gewinnmaximierung besteht.

„Das Kleinstkredit-Programm hat die Dynamik der Marktwirtschaft in die Dörfer zu den ärmsten Bevölkerungsschichten der Erde gebracht. Dieses kommerzielle Vorgehen gegen die Armut hat es Millionen Menschen ermöglicht, sich in Würde aus ihrem Elend zu befreien."
Muhmmad Yunus: Für eine Welt ohne Armut. Lübbe: Bergisch Gladbach 2006, S. 47.

Aufgabe

1. Erklären Sie das Zitat des kommerziellen Vorgehens gegen die Armut; berücksichtigen Sie dabei auch das Foto. Vergleichen Sie Ihre Ideen anschließend im Kurs.

Kommerzielles Vorgehen gegen die Armut heißt ....

....

....

....

....

....

....

....

....

....

„Das gesündeste Finanzinstitut in Bangladesch“

Man hat uns gegenüber behauptet, dass die Kleinstkredite, die wir vergeben (durchschnittlich 150 Dollar pro Kreditnehmer), nicht zu einem ausreichend großen Einkommen führten, um die Lage einer Familie zu verbessern; dass die Armut zu tief verwurzelt sei, als dass solche Kredite auch nur die geringsten Auswirkungen haben könnten. Unabhängige Untersuchungen dagegen ergaben, dass unsere Kreditnehmer ihren Lebensstandard regelmäßig verbessern. Innerhalb von zehn Jahren konnte die Hälfte von ihnen die Armutsschwelle überwinden, und ein weiteres Viertel steht kurz davor.

Aus mehreren Untersuchungen geht im Übrigen hervor, dass unsere Kreditnehmer in puncto Ernährung, Kindersterblichkeit, Gebrauch von Empfängnisverhütungsmitteln, hygienischer Einrichtung und Wasserversorgung besser dastehen als andere Familien. Unsere Baukredite haben 350 000 Familien zu einem festen Dach über dem Kopf verholfen. 150 000 weitere Familien konnten sich dank ihres durch Grameen-Kredite möglich gewordenen Einkommens ein Haus bauen.

Man hat uns gesagt, dass die Grameen-Bank ständig am Tropf hängen müsse, weil sie von den Subventionen der Geber lebe. Es ist uns jedoch gelungen, unsere Filialen rentabel zu betreiben. Die Grameen-Bank arbeitet heute ausschließlich kommerziell, gibt ihre eigenen Anleihen heraus und nimmt bei Kreditbanken Geld auf. Grameen ist derzeit das gesündeste Finanzinstitut von Bangladesch.

Muhmmad Yunus: Für eine Welt ohne Armut. Lübbe: Bergisch Gladbach 2006, S. 45/46.

Aufgaben

2. Recherchieren Sie im Internet die Geschichte der Grameen Bank und erstellen Sie dazu eine Präsentation.
   Schauen Sie sich dazu auch das folgende englischsprachige Video an:
3. Schreiben Sie sechs Begriffe (auch aus dem Text) auf, die dokumentieren, was die Grameen Bank zur Armutsbekämpfung unternimmt.

______________________ ______________________

______________________ **Kleinstkredite** ______________________

______________________ ______________________

4. *Wir philosophieren:* Eine Marktwirtschaft braucht auch soziale Unternehmen ohne Gewinnmaximierung. Diskutieren Sie die Vor- und Nachteile.
5. *Weiterdenken für Interessierte:* Lesen Sie in dem oben angeführten Buch das Kapitel „Warum wir Frauen und nicht Männer als Kreditnehmer bevorzugen“ (S. 116–121) und erarbeiten Sie ein Kurzreferat dazu.

Armut und Brot

Brot

Man muss sein Brot mit gar nichts essen.
Mit nichts als Licht und Luft bestreut.
Gefühle, die man ganz vergessen,
Geschmack und Duft der Kinderzeit,
Sie sind im trocknen Brot beschlossen,
Wenn man es unterm Himmel isst.
Doch wird die Weisheit nur genossen,
Wenn man den Hunger nicht vergisst.

Eva Strittmatter: Brot. In: Dies., Zwiegespräche. Aufbau Verlag: Berlin 1999, S. 58.

Aufgaben

1. Der Wirtschaftswissenschaftler Muhammad Yunus schrieb, dass jede Wirtschaft dafür sorgen müsse, dass die Menschen genügend Brot haben. Schreiben Sie auf, was Brot für Sie bedeutet.

   Brot bedeutet für mich ....

   ....

   ....

   ....

   ....

2. Geben Sie dem Bild eine Überschrift. Vergleichen Sie Ihre Ideen zu zweit.
3. *Wir philosophieren:* Interpretieren Sie mündlich den Gedanken von Muhammad Yunus aus der Aufgabe 1.
3. *Projektvorschlag:* Recherchieren Sie über die Hilfsorganisation „Brot für die Welt".

KV 34

Wir debattieren: Ist Kinderarbeit in jedem Fall unmoralisch?

Herr Berger arbeitet für ein großes deutsches Textilunternehmen. Als Einkäufer reist er immer sehr viel durch Asien, wo in Bangladesch, Indien und China die großen Textilfabriken stehen. Wenn er wieder zu Hause ist, gibt es ständig Diskussionen mit seinem Sohn Ricardo. Er wirft dem Unternehmen seines Vaters vor, in Ländern wie Bangladesch Kinderarbeit zuzulassen. Irgendwann ist dann Herrn Berger der Kragen geplatzt und er hat seinen Sohn zurechtgewiesen: „Unsere Firma zahlt Steuern in Ländern wie Bangladesch und ist Teil des dortigen Wirtschaftslebens. Und wenn bei uns auch mal ein paar Kinder und Jugendliche arbeiten, so ernähren sie davon ihre Familien, die ansonsten verhungern würden!"

Aufgaben

1. Formulieren Sie jeweils schriftlich Pro- und Kontra-Argumente gegen bzw. für die Beschäftigung von Kindern und Jugendlichen in Textilfabriken.

Argumente gegen die Beschäftigung von Kindern und Jugendlichen in Textilfabriken:

....

....

....

....

....

Argumente für die Beschäftigung von Kindern und Jugendlichen in Textilfabriken:

....

....

....

....

....

2. Informieren Sie sich über das Verbot von Kinderarbeit in Deutschland und erarbeiten Sie dazu ein Kurzreferat.
3. Organisieren Sie nun eine Debatte zwischen Ricardo und seinem Vater. Halten Sie zum Schluss die wesentlichen Ergebnisse auf der Rückseite des Blattes schriftlich fest.

Rechtlicher Exkurs: Das Lieferkettensorgfaltspflichtengesetz

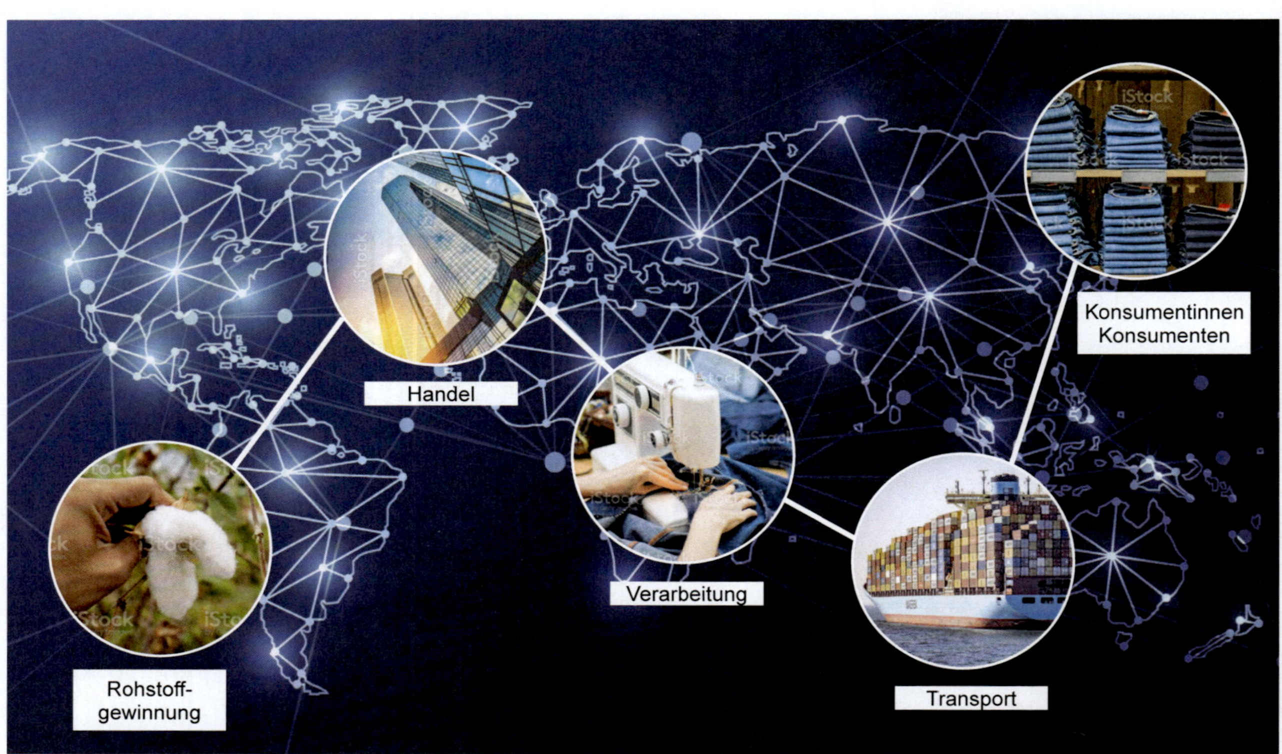

Kurz erklärt: Das Lieferkettensorgfaltspflichtengesetz (LkSG, kurz: Lieferkettengesetz)

Am 1. Januar 2023 trat das deutsche Lieferkettensorgfaltspflichtengesetz (LkSG) inkraft. Mit dem Gesetz sollen Unternehmen mit mindestens 3 000 Beschäftigten (ab 2024 1 000 Beschäftigten), die ihren Haupt- oder Verwaltungssitz in Deutschland haben, Verantwortung dafür übernehmen, wenn in ihrer Lieferkette im Ausland gegen Menschenrechte verstoßen wird. Ihre Sorgfaltspflichten gelten zum Beispiel für Löhne unterhalb der Armutsgrenze, unsichere Arbeitsverhältnisse, Zwangs- und Kinderarbeit (unter 15 Jahre) oder Gefährdungen am Arbeitsplatz. Diese Sorgfaltspflichten beziehen sich dabei nicht nur auf den eigenen Geschäftsbereich, sondern auch auf das Handeln von unmittelbaren Zuliefererinnen und Zulieferern sowie nationalen Vertragspartnerinnen und Vertragspartnern, d. h., sie umfassen die gesamte Lieferkette. Die Unternehmen sind verpflichtet, regelmäßige Risikoanalysen durchzuführen und diese zu dokumentieren. Damit sollen sie ihre „Bemühungspflicht" zeigen, präventiv gegen Menschenrechtsverletzungen vorzugehen.

Arbeitsschutz im LkSG

§ 2 umfasst das Verbot, die nach dem Recht des Beschäftigungsortes geltenden Pflichten des Arbeitsschutzes zu missachten, wenn hierdurch die Gefahr von Unfällen bei der Arbeit oder arbeitsbedingte Gesundheitsgefahren entstehen, insbesondere durch:

a) offensichtlich ungenügende Sicherheitsstandards bei der Bereitstellung und der Instandhaltung der Arbeitsstätte, des Arbeitsplatzes und der Arbeitsmittel;
b) das Fehlen geeigneter Schutzmaßnahmen, um Einwirkungen durch chemische, physikalische oder biologische Stoffe zu vermeiden;
c) das Fehlen von Maßnahmen zur Verhinderung übermäßiger körperlicher und geistiger Ermüdung, insbesondere durch eine ungeeignete Arbeitsorganisation in Bezug auf Arbeitszeiten und Ruhepausen oder
d) die ungenügende Ausbildung und Unterweisung von Beschäftigten.

Argumente von Unternehmen gegen das Lieferkettensorgfaltspflichtengesetz

Ein Unternehmen kann nicht dafür geradestehen, wenn ein unbekannter Zulieferer seines direkten Lieferanten gegen Menschenrechte verstößt.

Ein Unternehmen ist nicht in der Lage, alle Stufen der Herstellung eines Produktes im Ausland zu überwachen.

Die Lieferketten sind zu komplex, um 100prozentig kontrolliert zu werden.

Viele Unternehmen kaufen bei Großhändlerinnen und Großhändlern ein und haben keine direkten Einflussmöglichkeit auf dessen Lieferanten.

Es müsse ein internationales Lieferkettensorgfaltspflichtengesetz geben, denn ansonsten würden sich größere (deutsche) Unternehmen aus Problemländern zurückziehen, weil sie die Haftungspflichten scheuen.

Aufgaben

1. Erklären Sie mit eigenen Worten, was das Lieferkettensorgfaltspflichtengesetz regelt.
2. *Projektvorschlag:* Recherchieren Sie in kleinen Gruppen zum LkSG. Diskutieren Sie anschließend die Gegenargumente. Überlegen Sie, welche Sie akzeptieren und welche nicht. Begründen Sie Ihre Entscheidung.
   Schauen Sie sich das Video der Industrie- und Handelskammer Brandenburg dazu an:
3. Formulieren Sie in der Gruppe drei Pro-Argumente und vergleichen Sie diese im Kurs.

Argumente für das Lieferkettensorgfaltspflichtengesetz

① ....

....

....

② ....

....

....

③ ....

....

....

4. *Wir philosophieren:* Gibt es einen Zusammenhang zwischen globaler Gerechtigkeit und dem Lieferkettensorgfaltspflichtengesetz? Begründen Sie Ihren Standpunkt.
5. *Weitere Informationen* finden Sie im Buch „Umdenken“ des ehemaligen Entwicklungshilfeministers Gerd Müller: Umdenken. Überlebensfragen der Menschheit. Hamburg 2020.

KV 36 Lieferketten kontrollieren

Stellen Sie sich vor, Sie arbeiten in einer Handelskette, die Kleidung aus Bangladesch und Indien in Deutschland vertreibt. Der Produktmanager beauftragt Sie, Maßnahmen auszuarbeiten, die dazu beitragen sollen, Produktion und Transport zu kontrollieren.

Besonders kontrolliert werden sollte ……………………

Aufgaben

1. Schreiben Sie sechs Maßnahmen auf, die geeignet sind, die Produktion und den Transport der Textilien im Sinne des Lieferkettensorgfaltspflichtengesetz zu kontrollieren. Vergleichen Sie Ihre Ideen im Kurs.
2. Wählen Sie eine Maßnahme aus, die Sie verstärkt kontrollieren würden. Begründen Sie, warum.
3. *Wir philosophieren:* Gestalten Sie eine Argumentationskette:
   Das Lieferkettensorgfaltspflichtengesetz ist wichtig, weil …
   Jede bzw. jeder führt ein Argument an; niemand darf wiederholen, was schon gesagt wurde.

Talkshow: Wer ist verantwortlich für den Einsturz der Textilfabrik in Bangladesch?

Am 24. April 2013 starben in Saver in Bangladesch beim größten Unfall in der internationalen Textilindustrie 1 138 Menschen; es gab mehr als 2000 Verletzte.
Gestalten Sie eine Talkshow mit folgenden Teilnehmerinnen bzw. Teilnehmern:

- ein Vertreter, eine Vertreterin einer deutschen Textilfirma, die in Bangladesch produzieren lässt (Bezeichnung selbst aussuchen)
- ein Hinterbliebener, eine Hinterbliebene eines Opfers
- eine Vertreterin, ein Vertreter der Textilfabrik in Bangladesch
- eine deutsche Vertreterin bzw. ein deutscher Vertreter der NGO(1) „Lieferkettensorgfaltspflichtengesetz", zu der international mehr als 100 NGOs gehören
- ein Moderator bzw. eine Moderatorin

(1) **N**on-**G**overnmental **O**rganisation Nichtregierungsorganisation

Die vier Teilnehmerinnen/Teilnehmer sollen darüber diskutieren, wer die Verantwortung für den Unfall trägt und wie solche Unfälle künftig verhindert werden können.

Vorgehen

1. Bilden Sie vier kleine Gruppen, die jeweils eine Rolle der Teilnehmerinnen bzw. Teilnehmer bearbeiten. Schreiben Sie zunächst als Einzelarbeit in Stichworten auf, wer aus Ihrer Sicht die Verantwortung für den Unfall trägt.
2. Diskutieren Sie nun in der Gruppe darüber und wählen Sie eine Person aus, die an der Talkshow teilnimmt. Formulieren Sie für diese Person Argumente im Sinne der Rolle.

Meine Rolle als ....

Die Verantwortung trägt ....

....

....

....

....

....

3. Bilden Sie eine fünfte Gruppe: Moderatorinnen und Moderatoren. Formulieren Sie Fragen für die Talkshow und überlegen Sie gemeinsam, wie das 2013 noch fehlende Lieferkettensorgfaltspflichtengesetz in die Diskussion eingebracht werden könnte.
4. Gestalten Sie die Talkshow und werten Sie diese anschließend aus: Wer hatte die überzeugendsten Argumente?

Fallbeispiel 5 (Ethik): Sind Fairtrade-Produkte nur etwas für Wohlhabende?

Joana und Oleg gehen nachmittags gern mal in ein Café an der Straßenecke. Dort gibt es oft Live-Musik oder Poetry Slam. Joana gönnt sich meistens einen Milchkaffee, Oleg trinkt lieber Tee. Eines Tages spricht die Kellnerin die beiden an, ob sie mal einen Kaffee oder Tee aus den Fairtrade-Produkten probieren möchten. „Ihr könnt damit die Plantagenarbeiter in Südamerika unterstützen."
„Warum nicht?", sagt Oleg, und Joana nickt.
„Die Sache hat allerdings einen Haken", so die Kellnerin. „Der Kaffee und der Tee kosten 1 Euro mehr."
Oleg runzelt die Stirn. „Das ist für uns Schülerinnen und Schüler ziemlich teuer. Ich glaube, Fairtrade ist nur etwas für Gutverdienende!"

....

....

....

....

....

....

....

....

....

....

....

Aufgaben

1. Schreiben Sie auf, ob Sie der Meinung von Oleg zustimmen oder nicht. Achten Sie auf Begründungen.
2. Überlegen Sie mündlich, welche Alternativen für Joana und Oleg möglich sind: Sammeln Sie Vorschläge an der Tafel oder am Whiteboard.
3. *Wir philosophieren:* Auf einem Plakat bei „Fridays für Future" stand: Wenn immer alles zu teuer ist, dann wird sich auf der Welt nichts ändern! Diskutieren Sie im Kurs darüber, ob Sie diesen Gedanken teilen oder nicht.

Fallbeispiel 6 (Recht): Arbeiten in einem stinkenden Fluss?

Der beißende Gestank des graugrünen Flusses ist allgegenwärtig. Barfuß klettern indonesische Mädchen zwischen faulen Essensresten, Cola-Dosen und Plastikmüll täglich mehr als 10 Stunden umher. Sie stopfen vor allem Metall und Aluminiumdosen 8 Stunden lang in kleine Beutel und bringen sie zum Recyceln. Dafür erhalten sie etwas mehr als 60 Cents am Tag. Die recycelten Materialien werden von einem deutschen Unternehmen weiter verarbeitet.

....

....

....

....

....

....

....

....

....

....

Aufgaben

1. Wer ist rechtlich für die Arbeitsbedingungen der Mädchen verantwortlich? Argumentieren Sie mit dem Lieferkettensorgfaltspflichtengesetz.
2. *Mit Gedanken experimentieren:* Stellen Sie sich vor, Sie wären die Chefin bzw. der Chef des deutschen Unternehmens. Welche Maßnahmen würden Sie einleiten? Arbeiten Sie in kleinen Gruppen und benutzen Sie die Rückseite dieses Arbeitsblattes, um Ihre Vorschläge in Stichworten aufzuschreiben.
3. Diskutieren Sie anschließend im Kurs über Ihre Ergebnisse.
4. *Projektvorschlag:* Informieren Sie sich über die Situation von Mädchen in Indonesien. Erarbeiten Sie dazu ein Kurzreferat.

William Turner: Regen, Dampf, Geschwindigkeit

William Turner: Regen, Dampf, Geschwindigkeit – The Great Western Railway, 1844.

Aufgaben

1. Lassen Sie das Bild von William Turner eine Weile auf sich wirken.
2. Assoziieren Sie anschließend dazu schriftlich: Welche Aussage verbinden Sie mit dem Bild in Bezug auf Industrialisierung, Natur und Wirtschaft? Vergleichen Sie Ihre Ideen im Kurs.

....

....

....

....

....

....

....

....

....

3. *Wir philosophieren:* Gestalten Sie auf der Rückseite des Arbeitsblattes eine Skizze zu einem Bild mit ebenfalls drei Elementen – ähnlich wie Regen, Dampf, Geschwindigkeit –, die für das 21. Jahrhundert charakteristisch sind. Legen Sie anschließend Ihre Zeichnungen in einen Kreis und philosophieren Sie dazu.

Thomas Piketty: Grenzen des Wachstums

Es ist entscheidend, die Tatsache zu berücksichtigen, dass der allgemeine Bevölkerungs-, Produktions- und Einkommenszuwachs seit dem 18. Jahrhundert nur um den Preis einer Überausbeutung natürlicher Ressourcen möglich war. Man wird sich also die Frage nach der Fortsetzbarkeit eines solchen Prozesses und den institutionellen Vorkehrungen stellen müssen, die es zu seiner radikalen Neuausrichtung braucht. Auch dazu ist es nötig, eine ganze Reihe von Indikatoren aufzubieten, die es den gesellschaftlichen Akteuren erlauben, eine mehrdimensionale und ausgewogene Vorstellung von wirtschaftlichem, sozialem und umweltgerechtem Fortschritt zu gewinnen. So ist es, um zunächst von den makroökonomischen Indikatoren zu sprechen, sehr viel ratsamer, mit dem Begriff des „Nationaleinkommens" als mit dem des „Bruttoinlandsprodukts" (BIP) zu arbeiten. Zwischen beiden gibt es zwei wesentliche Unterschiede: Das Nationaleinkommen [...] entspricht dem Bruttoinlandsprodukt (der Summe der in einem Land während eines Jahres produzierten Güter und Dienstleistungen) abzüglich der Kapitalentwertung (das heißt der Abnutzung von in der Produktion genutzten Arbeitsmitteln, Maschinen, Gebäuden und prinzipiell auch des Naturkapitals) und abzüglich oder zuzüglich der Nettokapital- und Nettoarbeitseinkommen aus dem Ausland (ein Betrag, der je nach Land positiv oder negativ ausfallen kann, der sich im Weltmaßstab aber per definitionem ausgleicht).

Nehmen wir ein Beispiel. Ein Land, das Öl im Wert von 100 Milliarden Euro aus dem heimischen Boden fördert, erwirtschaftet ein zusätzliches BIP im Wert von 100 Milliarden Euro. Das entsprechende Nationaleinkommen dagegen beläuft sich auf null, da sich der Naturkapitalstock um die gleiche Summe verringert hat. Beschließt man darüber hinaus, wie man es immer tun sollte, aber leider nicht immer tut, die sozialen Kosten der durch Verbrennung jenes Öls anfallenden CO_2-Emissionen (von denen man inzwischen weiß, dass sie zur Erderwärmung und somit dazu beitragen, das Leben auf Erden zur Hölle zu machen) mit einem entsprechenden negativen Wert zu beziffern, dann kommt man auf ein deutlich negatives Nationaleinkommen. Das verdeutlicht, wie sehr es auf den gewählten Indikator ankommt: Ein und derselbe wirtschaftliche Vorgang kann zu einem positiven BIP, aber einem negativen Nationaleinkommen führen, und das wiederum kann die kollektive Bewertung einer bestimmten Investitionsentscheidung auf der Ebene eines Landes wie eines Unternehmens radikal verändern.

Thomas Piketty: Eine kurze Geschichte der Gleichheit. C. H. Beck: München 2022, S. 35–37

Aufgaben

1. Formulieren Sie kurz den Unterschied zwischen BIP und Nationaleinkommen.

   BIP und Nationaleinkommen unterscheiden sich ....

   ....

   ....

2. Begründen Sie mit eigenen Worten, warum das Wirtschaftswachstum nach Ansicht von Thomas Piketty nicht uneingeschränkt fortgesetzt werden kann.
3. *Projektvorschlag:* Recherchieren Sie zum „Club of Rome", der bereits vor mehr als 50 Jahren das Wirtschaftswachstum weltweit beschränken wollte. Gestalten Sie dazu eine digitale Präsentation.

Schauen Sie sich zu diesem Thema auch das folgende Video an: 

Philipp Blom: Die Unterwerfung der Natur

Der Mensch ist das Maß aller Dinge!

Protagoras, griechischer Philosoph

Aufgabe

1. Deuten Sie den Gedanken von Protagoras. Schreiben Sie einen Gegen-Aphorismus dazu:

....

....

Eine Handvoll Erde

Das Projekt der Unterwerfung der Natur durch den Menschen erweist sich spätestens im beginnenden 21. Jahrhundert als katastrophaler Fehler. Es scheitert an der ökologischen Realität und erstickt an seinen ungewollten Nebeneffekten. Paradoxerweise war das Projekt der Unterwerfung zum Scheitern verurteilt, weil die technologische Reichweite der menschlichen Unersättlichkeit durch fossile Brennstoffe plötzlich immens erweitert wurde und die Eigendynamik der Wachstumsprozesse sich so rasant entwickelte, dass für das Begreifen dieser Transformation und die Reflexion ihrer rasenden Entwicklung keine Zeit mehr blieb und im Schwung des Aufstiegs wohl auch kein Bedürfnis nach Kritik zu spüren war.

Während dieser immensen Transformation, die fast alle Menschen auf dem Planeten irgendwie berührt hat, und dank derer die Zahl der Menschen sich in sechs Jahrzehnten mehr als verdoppelt hat, waren brutalere Unterwerfung, effizientere Ausbeutung und steigendes Wachstum erfolgreiche Strategien auf einem globalen Markt. Mit den beginnenden Effekten der Klimakatastrophe aber ist diese Logik zusammengebrochen.

Während der Nachkriegszeit (und letztlich seit dem 16. Jahrhundert) wussten westliche Regierungen nur eine einzige Antwort auf sehr unterschiedliche strukturelle Probleme: Wirtschaftswachstum. Diese Antwort aber ist durch die Klimakatastrophe obsolet(1) geworden. Mehr Wachstum, mehr Ausbeutung und mehr Dominanz menschlicher Interessen führen nicht mehr zu Wohlstand, Freiheit, Sicherheit oder Kontrolle, sondern zunehmend zu unkontrollierbaren Entwicklungen, zum Anstieg der Ozeane und der Veränderung ganzer Wettersysteme, zu Naturkatastrophen wie Orkanen, Hitzewellen, Überflutung, Versteppung und Dürre bis hin zur Migration von Millionen von Menschen und anderen Lebewesen auf der Suche nach Überleben.

Die immer deutlicher zutage tretenden Folgen der Klimakatastrophe widerlegen die Machbarkeit einer Unterwerfung der Natur, auch weil diese auf der bronzezeitlichen Idee beruht, dass der Mensch außerhalb und über „der Natur" steht und sie getrost ausbeuten und verändern kann, ohne selbst von den Effekten betroffen zu sein. Mit den steigenden wirtschaftlichen, menschlichen und ökologischen Kosten der systemischen Veränderungen, die durch menschliche Intervention ins Rollen gekommen sind, steigt auch die Gewissheit, dass die Logik der Unterwerfung keine konstruktiven Strategien mehr anzubieten hat, die in dieser Situation greifen könnten. Jede Wirkung hat ihre ungewollte, unabsehbare Nebenwirkung.

Philipp Blom: Die Unterwerfung. Anfang und Ende der menschlichen Herrschaft über die Natur. Hanser: München 2022, S.326/327.

(1) veraltet, nicht mehr üblich

Aufgaben

2. Suchen Sie 10 Begriffe aus dem Text heraus, und gestalten Sie damit ein Elfchen, eine poetische Form mit 11 Begriffen. Diese ordnen Sie so an, dass sie einen Sinn ergeben. Es geht um die Unterwerfung der Natur durch den Menschen. Tragen Sie Ihre Ideen anschließend im Kurs vor.

Unterwerfung **1. Zeile: 1 Begriff**

.... **2. Zeile: 2 Begriffe**

.... **3. Zeile: 3 Begriffe**

.... **4. Zeile: 4 Begriffe**

.... **5. Zeile: 1 Begriff**

3. Erklären Sie, warum nach Ansicht des österreichischen Historikers Philipp Blom das Wirtschaftswachstum im 21. Jahrhundert obsolet ist. Positionieren Sie sich dazu.

4. *Wir philosophieren:* Das anthropozentrische Menschenbild mit dem Menschen als Mittelpunkt der Natur funktioniert nach Ansicht vom Philipp Blom heute nicht mehr. Begründen Sie, ob Sie diesem Gedanken zustimmen oder nicht.

5. *Weiterdenken für Interessierte:* Lesen Sie das gesamte Kapitel „Eine Handvoll Erde" in dem oben angeführten Buch.

Magdalene Trapp: Wie können Unternehmen Biodiversität schützen?

Kim macht mit seinen Eltern an der Ostsee Urlaub. Er sitzt gern am Strand und beobachtet die Fischerboote. Eines Tages sieht er eine kleine Gruppe von jungen Leuten. Sie halten ein Plakat hoch, auf dem steht:
„Der Dorsch schmeckt zwar gut, aber bald wird es keinen mehr geben!"

Die Ursachen dafür sind:

....

....

....

....

....

Biodiversität und Wirtschaft

Das Thema Biodiversität – vielen bekannt auch als biologische Vielfalt – hat in den letzten Jahren an Aufmerksamkeit und Bedeutung gewonnen: Es wird immer deutlicher, dass wir uns nicht nur in einer Klimakrise, sondern auch in einer Krise des Artensterbens befinden. Die Wissenschaft warnt vor dem sechsten globalen Massensterben – verursacht durch uns Menschen. Beispielsweise hat unser Planet in den letzten 50 Jahren ganze 60 Prozent seiner Wirbeltiere und 85 Prozent der natürlichen Feuchtgebiete verloren. Diese spielen als natürliche Kohlenstoffsenker auch für den Klimaschutz eine wichtige Rolle. Anfang 2020 warnte auch das Weltwirtschaftsforum in seinem Global Risks Report, dass der Verlust der Biodiversität eines der größten Risiken unserer Zeit darstellt. Denn gesellschaftliches Wohlergehen und unser Wirtschaftssystem basieren zu großen Teilen auf den Leistungen der Natur. Wirtschaftliche Aktivitäten stecken aber leider häufig hinter den Verlusten der biologischen Vielfalt. [...]

Wirtschaftliche Aktivitäten, bzw. unsere Produktions- und Konsummuster, befeuern den Biodiversitätsverlust [...]. Besonders stark tragen Land- und Forstwirtschaft, Fischerei, der Ausbau von Infrastruktur, Rohstoffabbau und Industrieproduktion dazu bei. Beispielsweise sind Süßwasserökosysteme zu fast einem Drittel durch die Landwirtschaft bedroht. Der Industrie-, Bergbau- und Rohstoffsektor ist für ein weiteres Drittel der Bedrohung verantwortlich. Terrestrische Ökosysteme werden vor allem durch Aktivitäten der Landwirtschaft (40 Prozent), Forstwirtschaft (20 Prozent) und Infrastruktur (15 Prozent) belastet. Bei Meeresökosystemen ist insbesondere der Fischereisektor zu nennen, welcher knapp zwei Drittel der Bedrohung ausmacht. Gerade die Wertschöpfung der Sektoren Landwirtschaft, Forstwirtschaft und Fischerei und die daran anknüpfenden Wertschöpfungsketten hängen aber ganz wesentlich von funktionsfähigen Ökosystemen ab.

Margarete Trapp: Wirtschaften im Einklang mit der Natur – Handlungswege zur Sicherung der Biodiversität. In: Jahrbuch Nachhaltigkeit 2021. Metropolitan: Regensburg 2021, S. 89 und 92/94.

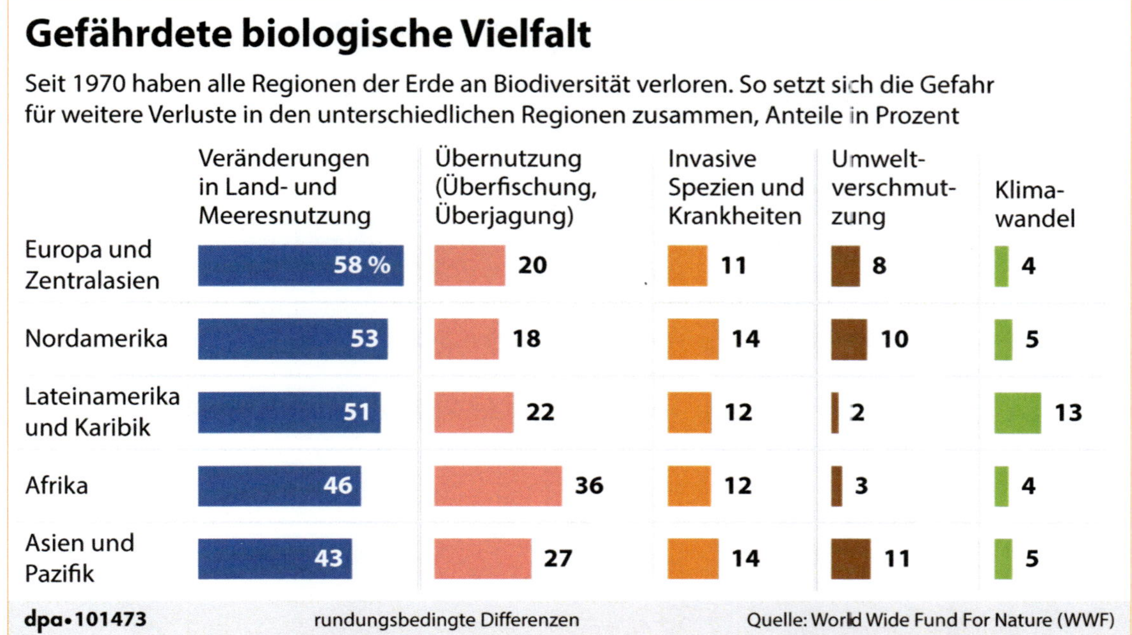

Aufgaben

1. Interpretieren Sie den Plakattext, den Kim gelesen hat, und vergleichen Sie Ihre Antworten.
2. Erklären Sie mündlich an einem Beispiel, warum wirtschaftliche Aktivitäten zum Verlust von Biodiversität führen können. Lesen Sie dazu auch die KV 70 (Gedanken zur Biodiversität in Bezug auf die Wirtschaft von Papst Franziskus).
3. *Projektvorschlag:* Erläutern Sie aufgrund von Internetrecherchen schriftlich die beiden Maßnahmen zum Schutz von Biodiversität.

   Firmen sollen ihren Biodiversitäts-Fußabdruck offenlegen

   Firmen sollen freiwillig Biodiversitäts-Standards nutzen

4. *Projektvorschlag:* Recherchieren Sie im Internet über den Global Risks Report des Weltwirtschaftsforums und über die UN-Konvention zur biologischen Vielfalt. Erarbeiten Sie dazu Kurzreferate.

   Schauen Sie sich dazu auch das Video über die UN-Biodiversitätskonferenz 2022 an: 

5. *Wir philosophieren:* Erklären Sie, inwiefern funktionierende Ökosysteme zum wirtschaftlichen Wohlstand beitragen können.

Nachhaltigkeit als Bestandteil der Unternehmenskultur

Kurz erklärt: Der deutsche Nachhaltigkeitskodex

Der deutsche Nachhaltigkeitskodex (DNK) wurde 2011 von dem von der Bundesregierung berufenen „Rat für Nachhaltige Entwicklung" im Dialog mit der Wirtschaft entwickelt und 2018 überarbeitet. Er empfiehlt Unternehmen, bei allen Entscheidungen Nachhaltigkeitsaspekte zu berücksichtigen. Die Leitungs- und Managementebenen sollen anhand von 20 Kriterien, welche die vier Themenfelder Strategie, Prozessmanagement, Umwelt und Gesellschaft betreffen, eine nachhaltige Unternehmensstrategie entwickeln. Als Kontrollgremien fungiert das DNK-Büro, das über eine öffentlich angelegte Datenbank verfügt, zu der als Prüferinnen und Prüfer auch Umweltgutachterinnen und Umweltgutachter Zugang haben.

Aufgaben

1. *Mit Gedanken experimentieren:* Stellen Sie sich vor, Sie sind Umweltgutachter bzw. Umweltgutachterin bei der DNK. Worauf würden Sie bei den Fastfood-Filialen achten? Notieren Sie zu den fünf Kriterien des DNK Stichworte und diskutieren Sie anschließend im Kurs darüber.

   Nachhaltigkeitsgutachten für Fastfood-Filialen:

   Energie ....

   ....

   Material ....

   ....

   Wasser ....

   ....

   Abfall ....

   ....

   Biologische Vielfalt ....

   ....

2. *Projektvorschlag:* Recherchieren Sie über die 20 Kriterien der DNK im Netz und erstellen Sie eine digitale Präsentation dazu (DNK-Leitfaden).
3. *Wir philosophieren:* Im Themenbereich Gesellschaft spielen im DNK Menschenrechte und Antikorruptionsmaßnahmen eine wichtige Rolle. Erklären Sie, warum diese Faktoren auch für die Wirtschaft wichtig sind.

Wiederverwendung statt Verschwendung: keine Wegwerfgesellschaft

Kurz erklärt: Europäische Woche der Abfallvermeidung

In vielen Städten und Gemeinden Deutschlands gibt es die „Europäische Woche der Abfallvermeidung“. Sie findet meist im November statt und soll ein Zeichen gegen grenzenlosen Konsum und Ressourcenverschwendung setzen. Ziel dieser Kampagne ist es, ein Leben mit weniger Abfall und besserem Recycling zu führen. Deshalb stellen sich auf der „Europäischen Woche der Abfallvermeidung“ vor allem auch Recyclingunternehmen vor.

Aufgaben

1. *Mit Gedanken experimentieren:* Stellen Sie sich vor, Sie werden von einer Werbeagentur beauftragt, zu dem Motto „Wiederverwendung statt Verschwendung“ ein Plakat für die „Europäische Woche der Abfallvermeidung“ zu entwerfen. Fertigen Sie dazu einen ersten Entwurf an. Besprechen Sie anschließend Ihre Entwürfe im Kurs.
   Schauen Sie dazu auch das folgende Video an:

2. *Projektvorschlag:* Informieren Sie sich darüber, wie die „Europäische Woche der Abfallvermeidung“ in Ihrer Gegend organisiert wird.
3. Diskutieren Sie im Kurs darüber, wie Sie persönlich zur Abfallvermeidung beitragen können. Erstellen Sie dazu eine gemeinsame Liste.
4. *Wir philosophieren:* Der „Black Friday“ stärkt den Einzelhandel, der eine wichtige Stütze unserer Wirtschaft ist. Fördert er aus Ihrer Sicht auch die Wegwerfgesellschaft? Führen Sie dazu eine Debatte im Kurs.

Eveline Lemke/Charlène Nessel: Green Deal – die Kreislaufwirtschaft

Vom Homo Oeconomicus zum Homo Circularis

[Es] ist gerade jetzt die Zeit, ein paar Klarstellungen zur Philosophie der Circular Economy vorzunehmen und es ist gleichzeitig eine gute Gelegenheit, einige Voraussetzungen für einen Homo Circularis in einer Circular Society zu beschreiben, die als Begriffe noch gänzlich auf der Karte fehlen. Es ergibt Sinn, sich erst wesentliche Unterschiede der Circular Economy zu klassischen Wirtschaftsphilosophien in Erinnerung zu rufen und dann auf politische Maßnahmen und Ziele der EU einzugehen.

Die bisherigen Wirtschaftsphilosophien waren allesamt nicht nur naturvergessen, sie haben auch den Menschen in seinem Wesen auf wenige Motivationstreiber reduziert. Es wurde angenommen, der Mensch sei ein Homo Oeconomicus. Aus der oft Darwin zugeschriebenen Aussage „Survival of the Fittest“ (eigentlich von Herbert Spencer) wurde abgeleitet, dass nur der „Stärkere“ überlebe. Mit Geiz und Gier seine ureigenen Überlebensinteressen durchzusetzen – was durchaus auch menschlich ist –, rechtfertigte in den klassischen ökonomischen Wissenschaften die Verfeinerung der Instrumente zur Ausbeutung des Planeten und auch der eigenen Spezies. Jede Managementtechnik kann zum Guten und zum Bösen angewendet werden. Ziel und Kontext sowie die gefassten Entscheidungen bestimmen, ob das Ergebnis ein gutes oder ein schlechtes ist. Das setzt aber voraus, dass jeder Technik auch eine Ethik mitgegeben wird. Es setzt auch voraus, dass wir lernen, in Systemen zu denken, und uns trauen, systemische Szenarien als Entscheidungsgrundlagen heranzuziehen. Die Circular Economy eröffnet die Möglichkeit, hier eine Brücke zu bauen. [...]

Damit wir im Einklang mit der Natur auf diesem Planeten existieren können, müssen wir unsere Technik mit Ethik kombinieren. Nur so entsteht eine neue gesellschaftliche Utopie, die uns einen anderen Spiegel vorhält: Wirtschaften, ohne die Grenzen des Wachstums zu sprengen. Social Media Influencer, die ihre Reichweite nicht nutzen, um ihr tolles Leben zur Schau zu stellen und zu zeigen, was höher, schneller, weiter heute bedeutet, sondern um Positive Impact für den Planeten und uns Menschen zu erzeugen.

Eveline Lemke/Charlène Nessel: Homo Circularis. In: Jahrbuch Nachhaltigkeit 2021. Metropolitan: Regensburg 2021, S. 27.

Aufgabe

1. Schreiben Sie Stichworte über den Homo Circularis aus dem Text auf und formulieren Sie anschließend mündlich eine Definition. Wiederholen Sie auch die Gedanken der KV 10 (Der Homo Oeconimicus von Annemarie Pieper).

Der Homo Circularis bedeutet ....

....

....

Circular Economy: Herausforderungen

Am Anfang der neuen Beschreibung einer Circular Economy steht der Homo Circularis, der sich beim Aufbau der neuen Utopie einige Mindset-Fragen stellen muss: Wie gelingt der sozial-ökologische Umbau? Was bedeutet Circular Economy? Wie soll die Zukunft eines guten Lebens aussehen? Auf der Suche nach Antworten muss er sich sowohl traditionell verankerten als auch radikalen Glaubenssätzen stellen. Auf der einen Seite stehen die Kritiker der ökologischen Modernisierung. Sie glauben nicht an den Klimawandel und haben Angst vor Veränderungen. Eine ökologische Transformation sei weder notwendig noch möglich, sagen sie. „Wir können doch nicht zurück unter den Stein kriechen." Auf der anderen Seite stehen die Technologie-Kritiker. Eine Circular Economy sei nicht genug, denn wir wären ja immer noch abhängig von Technik, die uns immer wieder in Rebound-Fallen(1) lockt: „Grüne Technologien können nicht funktionieren, wir technologisieren uns nur noch tiefer in die Misere." Beide Stimmen sind berechtigt.

Die Wahrheit liegt irgendwo in der Mitte. Fortschritt bedeutet, aus Fehlern zu lernen. Die Circular Economy ist eine Weiterentwicklung ökonomischer Philosophie, die eine Brücke bauen soll zwischen einer hoch-technokratischen Welt voller Abhängigkeiten und Empathie-Mangel hin zu den Gesetzen der Natur.

Die noch zu lösenden Aufgaben am Beispiel der Energiewende zeigen das Dilemma der Rebound-Effekte: Auch, wenn Verbrauchsstoffe regenerativ sind und zur Minderung des Treibhauseffektes beitragen, sind die Energieerzeugungsanlagen noch lange nicht naturverträglich. Auch sie müssen technisch kreislauffähig werden. Das heißt, Windkraft- und Solaranlagen müssen recyclingfähig sein. Nur so können sie dauerhaft in der wirtschaftlichen Nutzung belassen werden. Denn gerade die seltenen Erden und Metalle, die in Windkraftanlagen, PV-Modulen oder E-Autos stecken, werden bald so nachgefragt sein, wie Öl es einmal war. Wir müssen sie auch aus Produkten zurückholen können. Wir müssen nutzen statt zu verbrauchen.

Im Spiegel der menschlichen Grausamkeit unseres Wirtschaftens sehen wir, wie jährlich fast 100 Milliarden Tonnen Rohstoffe aus diesem Planeten gegraben werden. Nicht einmal 9 Prozent davon bleiben im wirtschaftlichen Kreislauf. Die unvorstellbare Dimension von über 90 Milliarden Tonnen Rohstoffen pro Jahr verschwinden in unbekannten Nutzungen, als Abfall in der Landschaft oder als verbrannte Emissionen in der Luft. Kupfer- oder Titanminen in Chile oder China machen uns extrem deutlich, wie die Grünen Technologien den Tribut an der Natur fordern. Hier liegen Aufgaben vor uns, sonst werden wir die Vision einer Welt ohne Abfall im Green Deal nicht erreichen. Dann machen wir weiter, was Generationen vor uns bereits nicht lösen konnten – nur ein wenig anders, indem wir die Natur Zerstörung auf gute moralische Grundsätze bauen.

Eveline Lemke/Charlène Nessel: Homo Circularis. In: Jahrbuch Nachhaltigkeit 2021. Metropolitan: Regensburg 2021, S. 29.

(1) nachteilige Folgen von Effizienzsteigerung: Wenn durch Effizienzsteigerung Kosten sinken (eine Lampe benötigt bei gleicher Helligkeit nur noch die Hälfte des Stroms), werden weitere Energieverbraucher genutzt (eine zweite Lampe wird eingeschaltet).

Aufgaben

2. Skizzieren Sie die zukünftigen Herausforderungen an die Kreislaufwirtschaft.

   Schauen Sie sich dazu auch das folgende Video an: 

3. *Wir philosophieren:* Diskutieren Sie die Gründe der Autorinnen, Wirtschaft und Ethik zu kombinieren.
4. *Weiterdenken für Interessierte:* Lesen Sie das gesamte Kapitel „Homo Circularis" in dem oben angeführten Buch auf den Seiten 25–34.

KV 46

Europas Green Deal

Die Europäische Kommission ist bei der Definition der Circular Economy sehr konkret geworden, das hat überrascht. Ihre Definition stammt aus dem Jahr 2017. [...]

Danach soll in einer Ökonomie der Wert von Produkten und Materialien so lange wie möglich erhalten bleiben. Abfall und Ressourceneinsatz müssen minimiert werden. Der Stoffkreislauf soll innerhalb des ökonomischen Systems geschlossen werden, so dass Produkte, welche das Ende ihrer Nutzungsphase erreicht haben, wieder als Ressource dienen, um auch in der Zukunft Werte zu schaffen. Was in der Definition zwar fehlt, aber die EU eingeleitet hat, ist, dass es zukünftig keine gefährlichen Substanzen mehr geben darf, die im Umlauf sind. Alle giftigen Stoffe sollen aus dem Wirtschaftskreislauf ausgeschleust und vernichtet werden. Die Vision einer Welt ohne Abfall ist damit zwar nicht deutlich formuliert, aber ausgeschlossen ist sie nicht. Vor allem gehen die Schritte in die richtige Richtung. Ein Schritt wäre das Ende der Müllverbrennung, sobald alle gefährlichen Substanzen ausgeschleust wurden. Damit schließt sich die Frage an, ob der strategische Ausstieg aus der Müllverbrennung nicht schon heute verhandelt werden müsste?

Eveline Lemke/Charlène Nessel: Homo Circularis. In: Jahrbuch Nachhaltigkeit 2021. Metropolitan: Regensburg 2021, S. 30.

Aufgaben

1. Schreiben Sie auf, wie Sie den Ausstieg aus der Müllverbrennung beurteilen. Vergleichen Sie Ihre Statements im Kurs.

Der Ausstieg aus der Müllverbrennung ....

....

....

....

....

....

....

2. *Projektvorschlag:* Recherchieren Sie den Green Deal der EU im Netz. Sprechen Sie anschließend darüber, ob die Atomenergie, die von der EU als saubere Energie eingestuft worden ist, Ihrer Ansicht nach diesen Status zu Recht erhalten hat. Sammeln sie vor der Diskussion Pro- und Kontra-Argumente.

3. *Wir philosophieren:* Wenn der Wert von Produkten, wie im Text erwähnt, solange wie möglich erhalten werden soll, wird das Wirtschaftswachstum eingeschränkt. Unser Wohlstand auch? Begründen Sie Ihren Standpunkt.

Wir debattieren: Ökologie vor Ökonomie? Fledermäuse gegen Windräder?

In einer kleinen Gemeinde werden in der Nähe von Windrädern immer wieder tote Fledermäuse gefunden. Aus diesem Grund fordert eine örtliche Naturschutzinitiative, die Windräder wieder abzubauen. Denn schließlich werde ja die Störung von Fledermaus-Brutstätten in den einzelnen Bundesländern mit hohen Bußgeldern belegt. Die Tiere stehen unter Naturschutz.

Aufgaben

1. Schreiben Sie Pro- und Kontra-Argumente für den Abbau der Windräder auf. Führen Sie anschließend im Kurs eine Debatte darüber. Versuchen Sie abschließend, einen Kompromissvorschlag für das Problem zu finden (siehe hierzu auch die Aufgabe 4).

Argumente gegen den Abbau von Windrädern: ....

....

....

....

....

....

Argumente für den Abbau von Windrädern: ....

....

....

....

....

....

2. Informieren Sie sich in Zusammenarbeit mit dem Biologie- und Physikunterricht darüber, warum Fledermäuse sterben können, wenn sie in die Nähe von Windrädern fliegen.

3. *Wir philosophieren:* Klären Sie im Kurs, ob die Ökologie generell Vorrang vor der Ökonomie haben sollte. Begründen Sie Ihren Standpunkt.

4. *Weiterdenken für Interessierte:* Lesen Sie die Paragrafen 35–42 in der Umwelt-Enzyklika von Papst Franziskus: Laudato si‘ – Über die Sorge für das gemeinsame Haus. Verlag des katholischen Bibelwerks. Stuttgart 2015.

Rechtlicher Exkurs: Das Bundesnaturschutzgesetz

Kurz erklärt: Das Bundesnaturschutzgesetz

Das Bundesnaturschutzgesetz (BNatSchG) trat 1976 in Kraft und wurde im Juli 2022 zum vierten Mal novelliert. Es bildet die rechtliche Basis für den Naturschutz und die Landschaftspflege in der Bundesrepublik Deutschland und umfasst u. a. Regelungen für bedrohte Pflanzen und Tiere, für Eingriffe in die Natur und Landschaft sowie für die Nutzung von Flächen. Ziele des Naturschutzes und der Landschaftspflege sind nach § 1 des BNatSchG u. a., die biologische Vielfalt zu erhalten, die Leistungs- und Funktionsfähigkeit des Naturhaushalts einschließlich der nachhaltigen Nutzungsfähigkeit der Naturgüter zu garantieren sowie die Vielfalt und den Erholungswert von Natur und Landschaft zu gewährleisten. Zu den Zielen des Gesetzes gehören auch der Schutz, die Pflege und die Wiederherstellung von Natur und Landschaft, falls dies erforderlich sein sollte.

Aufgabe

1. Antworten Sie schriftlich auf die Frage, warum das Bundesnaturschutzgesetz auch für die Wirtschaft wichtig ist. Vergleichen Sie Ihre Ergebnisse im Kurs.

Das Naturschutzgesetz ist für die Wirtschaft wichtig, weil ....

....

....

....

....

....

Betrieb von Windenergieanlagen an Land

Das Bundesnaturschutzgesetz wurde 2022 auch deshalb novelliert, um eine schnellere Errichtung von Windkraftanlagen zu ermöglichen. Dabei muss von den Behörden bei der Nutzung von Flächen, die in Naturschutzgebieten liegen, vor allem geprüft werden, ob u. a. Brutvogelarten im Umfeld ihrer Brutplätze durch den Betrieb von Windenergieanlagen gefährdet sind und aus diesem Grund für sie besondere Schutzmaßnahmen ergriffen werden müssen.

Bundesnaturschutzgesetz (BNatSchG)

§ 45b (2) Liegt zwischen dem Brutplatz einer Brutvogelart und der Windenergieanlage ein Abstand, der geringer ist als der in Anlage 1 Abschnitt 1(1) für diese Brutvogelart festgelegte Nahbereich, so ist das Tötungs- und Verletzungsrisiko der den Brutplatz nutzenden Exemplare signifikant erhöht.
(3) Liegt zwischen dem Brutplatz einer Brutvogelart und der Windenergieanlage ein Abstand, der größer als der Nahbereich und geringer als der zentrale Prüfbereich ist, die in Anlage 1 Abschnitt 1 für diese Brutvogelart festgelegt sind, so bestehen in der Regel Anhaltspunkte dafür, dass das Tötungs- und Verletzungsrisiko der den Brutplatz nutzenden Exemplare signifikant erhöht ist.
[...]
(5) Liegt zwischen dem Brutplatz einer Brutvogelart und der Windenergieanlage ein Abstand, der größer als der in Anlage 1 Abschnitt 1 für diese Brutvogelart festgelegte erweiterte Prüfbereich ist, so ist das Tötungs- und Verletzungsrisiko der den Brutplatz nutzenden Exemplare nicht signifikant erhöht; Schutzmaßnahmen sind insoweit nicht erforderlich.

(1) diese Anlagen haben wir nicht aufgeführt, da sie zu detailliert sind

Aufgaben

2. Die Novellierung des BNatSchG wurde aufgrund der Energiewende notwendig, um mehr Flächen für Windkraftanlagen verfügbar zu machen. Halten Sie diesen Grund für gerechtfertigt? Begründen Sie Ihren Standpunkt.
3. *Projektvorschlag:* Informieren Sie sich über weitere Regelungen des Bundesnaturschutzgesetzes im Netz, insbesondere auch über die Abstände der Windkraftanlagen zu Tiervorkommen.

   Lesen Sie dazu die Broschüre des Kompetenzzentrums für Naturschutz und Energiewende (KNE) in Berlin:

4. *Wir philosophieren:* Lässt sich Biodiversität mit Wirtschaftswachstum vereinbaren?

Fallbeispiel 7 (Ethik): Eine neue Jeans mit Ökolabel kaufen oder die alte aufpeppen?

Gregor hat während der Ferien gejobbt und möchte sich eine neue Jeans kaufen, die ein Ökolabel hat und deshalb auch etwas teurer ist. Seine Freundin ist damit überhaupt nicht einverstanden: „Eine neue Jeans zu kaufen ist überhaupt nicht nachhaltig, denn dafür müssen natürliche Ressourcen wie Baumwolle verbraucht werden. Behalte doch die lieber die alte und peppe sie auf, indem du Löcher hineinschneidest oder Flicken drauf klebst! Das schont nicht nur die Natur und das Klima. Das ist auch viel individueller als eine neue!"

....

....

....

....

....

....

....

....

....

....

....

....

Aufgaben

1. Schreiben Sie auf, was Gregor seiner Freundin antworten könnte. Achten Sie auf Begründungen für Ihr Statement.
2. *Projektvorschlag:* Recherchieren Sie im Netz, wie viele Stationen eine Jeans durchläuft, ehe sie mit einem Ökolabel in die Geschäfte kommt. Vergleichen Sie Ihre Ergebnisse im Kurs.
3. *Wir philosophieren:* Wer immer nur daran denkt, wie viele natürlichen Ressourcen verbraucht werden, kann sich nie etwas Neues kaufen. Nehmen Sie dazu kritisch Stellung.

Fallbeispiel 8 (Recht): Darf eine Windkraftanlage in einem Naturschutzgebiet gebaut werden?

Eine Windkraftanlagenfirma möchte in einem Naturschutzgebiet in der Nähe einer kleinen Gemeinde Windräder aufstellen. Der Bürgermeister der Gemeinde schüttelt mit dem Kopf, als er das Schreiben der Firma erhält. „Die trauen sich was", sagt er in der Gemeinderatssitzung. „Wieso?", fragt ein Gemeinderatsmitglied. „Ist das denn rechtlich völlig unmöglich?" Der Bürgermeister schaut fragend in die Runde.

....

....

....

....

....

....

....

....

....

....

....

....

Aufgaben

1. Antworten Sie schriftlich auf die Frage des Gemeinderatsmitglieds. Anmerkung: Es gibt für die Baugenehmigung noch weitere rechtliche Voraussetzungen, die wir bei dem Beispiel nicht berücksichtigt haben.
2. *Wir philosophieren:* Während der Gemeinderatssitzung äußert ein anderes Mitglied des Gemeinderats die Befürchtung, dass es gegen den Bau der Windkraftanlagen Proteste von Naturschutzorganisationen geben könnte. „Wollen wir uns das wirklich antun, selbst wenn es rechtlich möglich sein sollte?", fragt das Gemeinderatsmitglied in die Runde?
   Gestalten Sie eine fiktive Gemeinderatssitzung zu dieser Thematik im Kurs und diskutieren Sie Pro- und Kontra-Argumente für die Installation von Windkraftanlagen im Naturschutzgebiet der Gemeinde.

KV 50 Welche Arbeitsplätze sollen gefördert werden?

Ein Unternehmer hinterlässt der Stadt Altenburg in Sachsen 5 Millionen Euro. Er hatte bei der Produktion von Skatkarten eine Menge Geld gemacht und wollte sich nach seinem Tod bei der Stadt auf diese Weise bedanken.

Sein Vermächtnis lautet folgendermaßen: Die Stadt soll das Geld nur erhalten, wenn sich die Abgeordneten im Stadtparlament einstimmig für ein Projekt mit neuen Arbeitsplätzen entscheiden, das mit dem Geld gefördert werden soll.

Die Bürgerinnen und Bürger der Stadt Altenburg haben den Abgeordneten im Stadtrat die folgenden drei Vorschläge unterbreitet:

1. Eine Initiative junger Frauen meint, Altenburg soll einen neuen Kindergarten mit angeschlossener Krippe bauen, damit die jungen Frauen der Stadt endlich wieder arbeiten gehen können.

2. Einige Jugendliche aus Altenburg haben an die Abgeordneten die Bitte gerichtet, mit dem Geld des Unternehmers einen Sportpark zu bauen, damit sich die jungen Leute mal richtig austoben können und nicht auf der Straße herumhängen müssen. Außerdem würden durch ein angeschlossenes Restaurant viele neue Arbeitsplätze geschaffen.

3. Aus den politischen Parteien kam der Vorschlag, eine Druckerei für Skatkarten als staatliches Unternehmen einzurichten und dadurch für arbeitslose Jugendliche Beschäftigungsmöglichkeiten zu schaffen.

Aufgaben

1. Bilden Sie kleine Gruppen und prüfen Sie die einzelnen Vorschläge. Entscheiden Sie sich dann in der Gruppe mit guten Argumenten für einen dieser Vorschläge.
2. Organisieren Sie anschließend im Plenum eine Diskussion im Stadtrat und verteidigen Sie dort Ihren Vorschlag.
3. Denken Sie bei Ihrer Diskussion daran, dass Altenburg das Geld nur erhält, wenn Sie sich als Abgeordnete am Schluss der Debatte einstimmig auf ein Projekt einigen. Versuchen Sie also, einen Kompromiss zu finden.
4. Sprechen Sie nach der getroffenen Entscheidung darüber, welche Schwierigkeiten Sie hatten, sich mit den anderen Gruppen (Parteien) zu einigen.

KV 51 Hat Arbeit auch etwas Sklavisches?

Was ist Arbeit?

Das Wort Arbeit hat in vielen Sprachen die Bedeutung von klein, niedrig oder geknechtet. So heißt das lateinische Wort labora Not, Leiden oder Qual. Der griechische Begriff ponos entspricht unserem deutschen Wort Pein, während das altindische Wort arbha arme Waise heißt. Jemand, der arbeiten muss, ist ein verwaistes und deshalb zur Arbeit verdammtes Kind. Das russische Wort rabota ist noch etwas schärfer. Es kommt von rab und meint auf Deutsch Sklave. Arbeit hat also etwas Sklavisches und Unfreies, was sich in der Geschichte gut nachweisen lässt. Denn die schwere körperliche Arbeit auf den Feldern oder beim Bau der ägyptischen Pyramiden wurde hauptsächlich von Sklaven geleistet. Und diejenigen, die davon befreit wurden, waren entweder Könige, Priester oder Philosophen und Philosophinnen.

Die Philosophie hat die Arbeit als wichtiges Problem erst ausführlich im 19. Jahrhundert thematisiert. Sie betrachtet Arbeit als eine zielgerichtete Tätigkeit zur Umgestaltung der Natur, die das Überleben der Menschheit sichert. Vor allem der deutsche Philosoph Karl Marx (1818–1883) unterschied zwischen ermüdender Handarbeit an der Maschine und Kopfarbeit als Ingenieurin oder Wissenschaftler. Er meinte, dass diejenigen Arbeiterinnen und Arbeiter, die den ganzen Tag an der Maschine stehen und körperlich arbeiten müssen, abends zu müde zum Denken sind. Diese Erfahrung machte auch die französische Philosophin Simone Weil (1909–1943), die ein Fabriktagebuch schrieb, in dem sie ihre Arbeit am Fließband dokumentierte.

Die Herstellung von materiellen Gütern wird nach Karl Marx und Simone Weil als Erwerbsarbeit bezeichnet und entlohnt. Zur Arbeit gehören aber auch Tätigkeiten, die nichtwirtschaftliche Zwecke betreffen, wie beispielsweise häusliche Pflege, Erziehungsarbeit oder ehrenamtliche Arbeit in Vereinen und Organisationen. Diese Arbeit wird nicht entlohnt.

Aufgaben

1. Schreiben Sie auf, warum eine Gesellschaft nicht nur von der Erwerbsarbeit leben kann. Diskutieren Sie Ihre Ideen anschließend im Kurs.

   Eine Gesellschaft benötigt auch Tätigkeiten für nichtwirtschaftliche Zwecke ....

   ....

   ....

   ....

   ....

   ....

2. *Projektvorschlag:* Informieren Sie sich über den Philosophen Karl Marx und die Philosophin Simone Weil.
3. *Wir philosophieren:* Beantworten Sie mündlich die Frage aus der Überschrift, ob Arbeit auch etwas Sklavisches hat.
4. *Weiterdenken für Interessierte:* Lesen Sie das Kapitel „Mit Brüchen im Leben umgehen. Das Beispiel der Philosophin Simone Weil“ in: Barbara Brüning/Adele Grill (Hrsg.): Unterrichtsmodule für das Fach Ethik. Mensch – Natur –Gesellschaft. Trauner: Linz 2022.

KV 52

Arbeiten, um zu konsumieren

Die deutsche Philosophin Hannah Arendt (1906–1975) hat sich in ihrem Buch „Vita activa oder Vom tätigen Leben" mit den menschlichen Tätigkeiten Herstellen, Arbeiten und Handeln beschäftigt.

Das Funktionieren der modernen Wirtschaft, die auf Arbeit und Arbeitende abgestellt ist, verlangt, dass alle weltlichen Dinge in einem immer beschleunigteren Tempo erscheinen und verschwinden; sie würde sofort zum Stillstand kommen, wenn Menschen anfangen würden, Dinge in Gebrauch zu nehmen, sie zu respektieren und den ihnen innewohnenden Bestand zu erhalten. Die Häuser, das Mobiliar, die Autos, alle Dinge, die wir benutzen und die uns umgeben, müssen so schnell wie möglich verbraucht, gleichsam verzehrt werden, als seien auch sie die „guten Dinge" der Erde, die nutzlos verkommen, wenn sie nicht in den endlosen Kreislauf des menschlichen Stoffwechsels mit der Natur gezogen werden. Es ist, als hätten wir die schützenden Mauern eingerissen, durch welche alle vergangenen Zeiten die Welt, das Gebilde von Menschenhand, gegen die Natur abschirmten – gegen die zyklischen Naturprozesse, von denen die Welt umgeben ist, wie gegen den biologischen Kreislauf, der durch den Menschen mitten durch sie hindurchgeht –, mit dem Erfolg, dass wir den ohnehin bedrohten Bestand der menschlichen Welt den Naturprozessen preisgegeben und ausgeliefert haben, vielleicht weil wir meinen, dass wir der Natur so absolut Herr geworden seien, dass wir der Welt, also einer spezifisch menschlichen Heimat innerhalb der irdischen Natur, entraten könnten.

An die Stelle von Dauer, Haltbarkeit, Bestand, die Ideale von Homo faber, des Weltbildners, ist das Ideal des Animal laborans getreten, das, wenn es träumt, sich den Überfluss eines Schlaraffenlands erträumt. Das Ideal einer Arbeitsgesellschaft kann nur der Überfluss sein, die Steigerung der Fruchtbarkeit, die in der Arbeit gegeben ist. So haben wir die Werktätigkeit in Arbeit verwandelt, sie in ihre kleinsten Partikel zerlegt, bis sie sich der Arbeitsteilung gefügt und den Generalnenner des einfachsten Handgriffs erreicht hat, um der Arbeitskraft – die ein Teil der Natur und vielleicht die gewaltigste aller Naturkräfte ist – das „unnatürliche", nämlich im wahrsten Sinne des Wortes künstliche Hindernis aus dem Wege zu räumen, das in der rein weltlichen Bestandhaftigkeit eines Gebildes von Menschenhand besteht.

Hannah Arendt: Vita activa oder Vom tätigen Leben, Piper: München 2001, 12. Auflage, S. 149/150.

Aufgaben

1. Geben Sie dem Text eine Überschrift und informieren Sie sich über Hannah Arendt.
2. Erklären Sie anhand des Textes, warum alle Dinge in der modernen Gesellschaft so schnell wie möglich verbraucht werden. Positionieren Sie sich anschließend dazu.
3. Teilen Sie die Ansicht, dass das Ideal einer Arbeitsgesellschaft der Überfluss ist? Begründen Sie Ihren Standpunkt.
4. *Wir philosophieren:* Was wäre für Sie das Gegenteil einer Arbeitsgesellschaft? Skizzieren Sie mündlich Ihre Ideen dazu.
5. Schauen Sie sich das Gespräch zwischen Hannah Arendt und Günter Gaus von 1964 an. Günter Gaus (1929–2004) war Journalist, aber auch Publizist, Diplomat und Politiker.

KV 53

Formen von Arbeit

Form der Arbeit	Merkmale
körperliche Arbeit	....
	....
geistige Arbeit	....
selbstständige Arbeit	....
	....
unselbstständige Arbeit	....
bezahlte Arbeit	....
	....
unbezahlte Arbeit	....
Teilzeitarbeit	....
	....
Vollzeitarbeit	....
....	....
....	....

Aufgaben

1. Schreiben Sie jeweils zu den einzelnen Arbeitsformen Stichworte in die Tabelle. Suchen Sie sich ein Paar entgegengesetzter Arbeitsformen aus und stellen Sie dieses mündlich vor.
2. Ergänzen Sie noch ein Paar entgegengesetzter Arbeitsformen in der Tabelle mit den entsprechenden Merkmalen. Vergleichen Sie Ihre Ergebnisse im Kurs.
3. *Wir philosophieren:* Manche Wissenschaftlerinnen und Wissenschaftler sehen in der Teilzeitarbeit die Arbeitsform der Zukunft. Erklären Sie die Gründe und positionieren Sie sich dazu.

KV 54

Lässt sich Arbeit gerecht verteilen?

Arbeitssuchende

(1) Katharina hat zwei kleine Kinder und würde gern wieder in ihrem Beruf als Sekretärin arbeiten. Leider kann sie für ihr Baby keinen Krippenplatz finden.

(2) Boris ist Bankanalyst und kommt keinen Abend vor 20 Uhr nach Hause. Seine Frau ist ziemlich sauer, weil sie den ganzen Haushalt und die Kindererziehung allein bewerkstelligen muss.

(3) Sandro arbeitet als Autoverkäufer bei einer bekannten deutschen Automobilmarke. Er möchte gern ein Jahr Erziehungsurlaub für sein erstgeborenes Kind nehmen und wird deshalb von seinen Kollegen ausgelacht. Der Chef der Autoniederlassung findet Sandros Absicht auch nicht akzeptabel, weil dadurch das Image der Firma leiden könnte.

(4) Melanie ist Elektroingenieurin und hat drei Kinder. Sie möchte gern in ihrem Beruf Teilzeit arbeiten. Ihr Chef meint jedoch, dass eine Frau in verantwortungsvoller Stellung nicht nur einen halben Tag arbeiten kann. Das lohnt sich für die Firma nicht.

(5) Wilfried ist 58 Jahre alt und wohnt in einem kleinen Dorf in Mecklenburg-Vorpommern. Früher hat er als Mechaniker auf der Warnow-Werft gearbeitet. Seit einigen Jahren ist Wilfried schon arbeitslos und kann im Norden keinen neuen Job finden. Er hat vor Jahren in seinem Dorf ein Haus gebaut und will deshalb keine Arbeit im Süden annehmen.

(6) Hatice ist seit 15 Jahren Hausfrau und möchte nun, nachdem ihre Kinder groß sind, wieder arbeiten gehen. In ihrem Job als Rechtsanwaltsgehilfin kann sie in der Kleinstadt, in der sie wohnt, keine Anstellung finden.

Aufgaben

1. *Mit Gedanken experimentieren:* Stellen Sie sich vor Sie wären Arbeitsberater bzw. -beraterin bei einer privaten Arbeitsvermittlung oder bei der Agentur für Arbeit. Was würden Sie den einzelnen Arbeitssuchenden raten? Erarbeiten Sie in kleinen Gruppen Lösungsvorschläge für drei der oben angeführten Fallbeispiele.
2. Spielen Sie anschließend dazu kleine Szenen im Kurs als Gespräch zwischen dem Arbeitsberater bzw. der Arbeitsberaterin und den Arbeitssuchenden.
3. *Wir philosophieren:* Diskutieren Sie darüber, was für Sie eine gerechte Verteilung von Arbeit bedeutet. Schreiben Sie anschließend auf der Rückseite des Arbeitsblattes ein Statement.

KV 55

Warum Menschen arbeitslos werden

Kurz erklärt: Wie Arbeitslosigkeit entsteht

In der Wirtschaft geht es mal aufwärts und mal abwärts, d. h., die Unternehmen erhalten in der einen Phase der Wirtschaft viele Aufträge und in der anderen wenige. Dieser Kreislauf, der sich alle paar Jahre wiederholt, heißt „Konjunkturzyklus". In der Aufschwung-Phase haben viele Menschen Arbeit, in der Abschwung-Phase kommt es zum Rückgang von Aufträgen und dem Verlust von Arbeitsplätzen. Damit verbunden schwächt sich auch das Konsumverhalten der Menschen ab: Es wird weniger gekauft und mehr gespart. Die Arbeitslosigkeit, die durch diesen Wirtschaftskreislauf hervorgerufen wird, heißt konjunkturelle Arbeitslosigkeit.

Weitere Ursachen für Arbeitslosigkeit

- Abbau von Subventionen für Unternehmen
- Verlagerung von Arbeitsplätzen ins Ausland
- strukturschwache Regionen mit wenig Industrie
- hohe Lohnnebenkosten in deutschen Firmen, z. B. wegen Zuschuss zur Krankenversicherung
- hohes Lohnniveau in Deutschland
- Schwarzarbeit

....

Aufgaben

1. Nennen Sie zu jeder Ursache aus dem Schema ein Beispiel aus Ihrem direkten Umfeld.
2. Welche der angeführten Ursachen beurteilen Sie kritisch? Begründen Sie Ihren Standpunkt. Ergänzen Sie das Schema durch weitere Ursachen.
3. Bilden Sie kleine Gruppen und erarbeiten Sie Kurzreferate zu den folgenden Begriffen: Arbeitskosten, Arbeitslosengeld, Arbeitslosenquote, Arbeitslosenversicherung, Dauerarbeitslosigkeit und Jugendarbeitslosigkeit. Verwenden Sie als Literaturgrundlage u. a. ein Nachschlagewerk „Wirtschaft". Tragen Sie Ihre Begriffsklärungen im Plenum vor.

KV 56

Die Sozialversicherung

Kurz erklärt: Was bewirkt die Sozialversicherung?

Die Sozialversicherung basiert auf dem Solidaritätsprinzip: Alle Arbeitnehmerinnen und Arbeitnehmer zahlen ca. 21 % ihres Bruttolohns monatlich dort ein, um in Risiko- und Notfällen wie Arbeitslosigkeit, Krankheit, Pflegebedürftigkeit, Berufsunfällen, Erwerbsminderung sowie Alter und Tod finanziell abgesichert zu sein. Der Anteil der Arbeitgeberinnen und Arbeitgeber an der Sozialversicherung liegt aktuell ebenfalls bei ca. 21 % des Bruttolohns eines versicherungspflichtigen Arbeitnehmers bzw. Arbeitnehmerin (Stand 2022). Die Gesamtsumme wird also gemeinsam von allen Bürgerinnen und Bürgern getragen. Deshalb hat der Begriff „Sozial" eine besondere Bedeutung. Er drückt aus, dass in Not geratene Menschen weiterhin ein Leben in Würde führen können. Die Sozialversicherung wurde im 19. Jahrhundert von den Gewerkschaften unter Kaiser Wilhelm I. erkämpft. Sie umfasst die Hauptbereiche Kranken-, Renten-, Arbeitslosen- und Pflegeversicherung.

Eine kurze Geschichte der Sozialversicherung

1883 *Krankenversicherung*
1884 *Unfallversicherung*
1889 *gesetzliche Rentenversicherung (ursprünglich Invaliditäts- und Altersversicherung)*
1911 *Angestelltenversicherung (1924 als Gesetz neu verfasst)*
1927 *Arbeitslosenversicherung*
1957 *Rentenreform: Einführung der dynamischen Rente (siehe QR-Code)*
1983 *Künstlersozialversicherung*
1995 *Pflegeversicherung (der Krankenversicherung angegliedert)*

Aufgaben

1. Skizzieren Sie schriftlich, was für Sie ein Leben in Würde bedeutet. Sie können auf der Rückseite des Blattes weiterschreiben.

   Ein Leben in Würde bedeutet für mich ....

   ....

   ....

   ....

   ....

2. Halten Sie in Zusammenarbeit mit dem Geschichtsunterricht Kurzreferate über die verschiedenen Bestandteile der Sozialversicherung.
3. *Projektvorschlag:* Recherchieren Sie im Netz über die Sozialversicherungen in anderen Staaten. Gestalten Sie dazu eine Internetpräsentation.
4. *Wir philosophieren:* Überlegen Sie, warum der Reichkanzler Otto von Bismarck (1815–1898) Kaiser Wilhelm I. „überredet" hat, die Forderung der Gewerkschaften nach einer Sozialversicherung gesetzlich zu regeln.
5. Zur Erklärung einer dynamischen Rente schauen Sie sich das folgende Video an:

Warum verdienen Frauen immer noch weniger als Männer?

Mona hat einen neuen Freund. Beide arbeiten in der Logistikbranche im gleichen Unternehmen. Als Mona ihren Freund fragt, was er denn verdient, will er zunächst nicht so richtig antworten. Aber nach einem längeren Gespräch stellt sich heraus, dass Mona 10 % weniger verdient als ihr Freund. „Das ist ziemlich ungerecht", sagt Mona zu ihrem Freund. „Das werde ich mit meinem Chef besprechen." „Vorsicht", mahnt ihr Freund, „Gehaltsverhandlungen sind individuell und geheim. Du kannst nicht einfach so zum Chef gehen. Und wahrscheinlich habe ich auch viel mehr Berufserfahrung als du."

Kurz erklärt? Das Entgelttransparenzgesetz

Seit dem 6. Juli 2017 gilt in der Bundesrepublik das Entgelttransparenzgesetz. Es soll Frauen darin bestärken, gleiche Lohnforderungen wie Männer zu stellen. Die Unternehmen werden verpflichtet, individuelle Auskünfte über die Lohnentwicklung im Unternehmen zu geben, Prüfverfahren zur Lohnverteilung zwischen Männern und Frauen durchzuführen und Gleichstellungsberichte abzugeben.

Gründe, warum Frauen noch immer im Durchschnitt 18 % weniger verdienen als Männer *(Statistisches Bundesamt 2021)*

1. Frauen leisten weniger als Männer, da sie durch die Familienarbeit mehr belastet werden
2. Frauen haben weniger Berufserfahrung, da sie oft wegen der Kinder in Teilzeit arbeiten
3. Frauen arbeiten meistens in schlechter bezahlten sozialen Berufen
4. ....

   ....
5. ....

   ....
6. ....

   ....

Aufgaben

1. Diskutieren Sie im Kurs darüber, was Sie an Monas Stelle dem Freund antworten würden. Sie können auf der Rückseite auch schriftlich eine Antwort formulieren.
2. Schreiben Sie noch weitere Gründe auf, die ausschlaggebend dafür sein könnten, dass Frauen im 21. Jahrhundert immer noch weniger verdienen als Männer. Prüfen Sie anschließend diese Gründe in kleinen Gruppen und entscheiden Sie, ob die Argumente überzeugend sind oder nicht.
3. *Projektvorschlag:* Recherchieren Sie zum Entgelttransparenzgesetz und schauen Sie sich das Video des Bundesfamilienministeriums an:
4. *Wir philosophieren:* Gleichberechtigung fängt in der Wiege an. Positionieren Sie sich dazu.

KV 58

Cornelia Schmergal: Was ist ein gerechter Lohn?

Ein Rennfahrer für 1867 Krankenschwestern

Maya, hat sich eine Kanne Tee gekocht und es sich mit der Zeitung auf dem Sofa, gemütlich gemacht. Heute ist Samstag, da ist der Stadtanzeiger randvoll mit Stellenanzeigen. Beim Blick auf die Titelseite allerdings fällt Maya der Teelöffel aus der Hand. Das ist doch ... unfassbar! In großen Lettern steht da geschrieben: „Formel-1-Pilot Michael Schumacher verdient 50 Millionen Euro im Jahr". 38 Millionen zahlt Schumachers Rennstall, der Rest kommt über Werbung rein.

50 Millionen Euro! In einem Jahr! Maya schnauft. So viel Geld kann sie sich gar nicht auf einem Haufen vorstellen. Und überhaupt: So viel Geld nur dafür, jedes zweite Wochenende im Kreis zu fahren? Pfff! Mayas beste Freundin Melanie arbeitet als Krankenschwester und verdient gerade mal 30 000 Euro brutto im Jahr. Und dabei findet es Maya viel sinnvoller, kranken Menschen zu helfen als Autorennen zu fahren.

Wie kommt es dann aber, dass Michael Schumacher so viel verdient wie Melanie und 1866 andere Krankenschwestern zusammen? Ist das einfach nur unfair? Oder kann das auch gerecht sein?

Aufgabe

1. Schreiben Sie auf, ob Sie es unfair oder fair finden, dass Michael Schumacher als Rennfahrer so viel Geld verdient hat. Führen Sie darüber eine Diskussion im Kurs.

....

....

....

....

....

....

....

....

Gerechter Lohn?

Es gibt eine Menge Erklärungen dafür, wie sich der Preis für Arbeit auf dem Markt bildet. Manche klingen logisch, andere etwas schräg: Wer vier Jahre lang studiert hat, verdient normalerweise mehr als jemand, der für seinen Job in vier Wochen angelernt wurde. Wer nachts oder am Wochenende schuften muss, wird zum Ausgleich besser bezahlt als sein Kollege, der nur tagsüber von montags bis freitags arbeitet. Wer eine besondere Begabung hat, kann für seine Arbeit mehr Geld verlangen als ein Kollege mit bescheideneren Talenten. Viele Frauen bekommen für den gleichen Job weniger Lohn als ihre männlichen Kollegen. Und es gibt sogar Wissenschaftler, die bewiesen haben wollen, dass schöne Menschen mehr verdienen als hässliche und große mehr als kleine.

Michael Schumachers Lohn dürfte zuerst einmal etwas mit Begabungen zu tun haben. Tatsächlich gibt es wohl nur wenige Menschen, die so viel Talent und Mut als Rennfahrer haben wie Schumacher. Nur wenige Menschen könnten viele Male hintereinander den Weltmeistertitel in der Formel 1 gewinnen – viel, viel weniger Menschen, als es ausgebildete Krankenschwestern gibt.

Vor allem aber verdient Michael Schumacher besonders viel Geld, weil sein Beruf so gefährlich ist – viel, viel gefährlicher als der von Schwester Melanie. Jeden Tag, wenn er in seinen Formel-1-Wagen steigt, muss er Angst haben, sein Leben zu verlieren. Ein Unfall auf der Rennstrecke kann tödlich sein. Dieses Risiko lässt Michael Schumacher sich von seinem Rennstall mit 38 Millionen Euro bezahlen. Das hat er mit seinem Arbeitgeber so ausgemacht.

[...]

Bleibt also die Frage, ob es auch aus Sicht des Auto-Rennstalls fair ist, jedes Jahr so viele Millionen an Schumacher zu überweisen – auch wenn Autorennen gefährlich sind.

Michael Schumacher macht durch jeden Sieg seinen Arbeitgeber, den Autohersteller Ferrari, ein bisschen bekannter. Der bekommt dann neue Aufträge und neue Kunden. Schumachers Rennstall verdient letztlich viel, viel, mehr Geld mit seinem Star, als er überhaupt an Schumacher zahlt. Deshalb hat der Ferrari-Chef Luca di Montezemolo, der allein im Jahr 2003 rund 38 Millionen Euro auf Schumis Konto überwiesen hatte, einmal gesagt: „Michael ist jeden Cent wert, den wir investieren. Er zahlt uns das Geld mit Siegen zurück.“ Und das klingt doch fair, oder?

Die anderen zwölf Millionen Euro, die jetzt noch zu Schumachers Einkommen von 50 Millionen Euro fehlen, verdient der Rennfahrer über Werbeverträge [...].

Gewiss wird sich die Krankenschwester darüber ärgern. Michael Schumacher kann allerdings nichts dafür. Würden die Menschen sich mehr für Krankenpflege als für die Formel 1 interessieren, dann würde Schwester Melanie sicher mehr verdienen.

Cornelia Schmergal: Wirtschaftspolitik: Was geht mich das an? dtv: München 2005; S. 26–28.

Aufgaben

2. Diskutieren Sie im Kurs darüber, welche der Gründe Sie für Schumachers hohen Verdienst als berechtigt ansehen und welche nicht.

3. *Projektvorschlag:* Unterbreiten Sie in kleinen Gruppen Vorschläge, wie Pflegeberufe in der Gesellschaft attraktiver gemacht werden könnten.

Eine Frauenquote in Vorständen von Dax-Unternehmen

In den deutschen Dax-Unternehmen liegt der Frauenanteil in den Vorständen bei nur 15 Prozent. Erstmals gibt es jedoch in drei Dax-Konzernen ein ausgewogenes Verhältnis von Frauen und Männern im Vorstand. Laut eines Berichts der deutsch-schwedischen AllBright-Stiftung, die sich für mehr Frauen in den Führungspositionen der Wirtschaft einsetzt, ist dies der Fall bei dem Autozulieferer Continental, dem Dialysespezialisten Fresenius Medical Care und dem Medizintechnikhersteller Siemens Healthineers.

Ein ausgewogenes Geschlechterverhältnis sei laut der Stiftung erst dann erreicht, wenn der Anteil von Frauen in Vorständen mindestens 40 Prozent betrage. Drei weitere Konzerne im deutschen Leitindex – Beiersdorf, die Deutsche Telekom und Mercedes Benz – werden dies in Kürze erreichen. Für mittlere und kleinere Unternehmen, die noch keine Frau im Vorstand haben, sei dies schwieriger. Denn der Trend, dass Top-Managerinnen bevorzugt Unternehmen wählen, in denen es bereits Frauen im Vorstandsteam gibt, bestätigte sich auch 2022.

Börsennotierte und paritätisch mitbestimmte Unternehmen mit mehr als 2 000 Beschäftigten und mehr als drei Vorständen müssen bei der Neubesetzung in dem Gremium künftig darauf achten, dass mindestens eine Frau in der Topetage sitzt. Dafür sorgt die Neufassung des ab dem 1. August 2022 geltenden Führungspositionsgesetzes (FüPoG II). Bei Nichteinhaltung des Gesetzes drohen hohe Bußgelder.

Nach Berichten der Tagesschau: https://www.tagesschau.de/wirtschaft/frauenanteil-dax-konzerne-vorstand-albright-bericht-101.html; Zufgriff 02.08.2023.

Aufgaben

1. Notieren Sie Stichworte, warum Frauen an Vorstandsspitzen weiterhin eine Ausnahme sind. Diskutieren Sie anschließend im Kurs über die Ursachen.

   An der Vorstandsspitze sind Frauen jedoch weiterhin eine Ausnahme ....

   ....

   ....

   ....

   ....

   ....

2. *Projektvorschlag:* Recherchieren Sie im Netz, bei welchen Unternehmen Frauen an der Vorstandsspitze stehen, so zum Beispiel über Katharina Reiche, Vorstandsvorsitzende der Westenergie AG und Mitglied im Rat für nachhaltige Entwicklung.
3. Erarbeiten Sie in kleinen Gruppen Vorschläge, wie in den Vorständen der Unternehmen ein ausgewogenes Geschlechterverhältnis erreicht werden kann.
4. *Wir philosophieren:* Warum sollte es in Vorständen ein ausgewogenes Geschlechterverhältnis geben? Begründen Sie Ihren Standpunkt.
5. *Projektvorschlag:* Recherchieren Sie zum Führungspositionsgesetz im Internet und schauen Sie sich dazu das folgende Video an:

KV 60 Aufstieg – nicht für Frauen?

Neben der familiären Arbeitsteilung erschweren auch Vorurteile über die weiblichen Fähigkeiten sowie versteckte und offene Diskriminierungen seitens der Vorgesetzten bzw. Arbeitgeber einen beruflichen Aufstieg von Frauen. Und nicht zuletzt spielen tiefsitzende Ängste der Männer vor Macht- und Prestigeverlust eine Rolle, wenn sie sich im Beruf weiblicher Konkurrenz gegenübersehen. Daniel Goeudevert, lange Zeit Top Manager in der Autoindustrie, fasst seine Erfahrungen so zusammen: „Ich halte Frauen inzwischen für sozial kompetenter und teamfähiger als Männer, sie kommen schneller auf den Punkt und haben eine deutlich niedrigere Neigung zum Geschwätz. Aber Frauen kommen nicht durch, solange Männer ihnen den Weg nach oben freimachen müssten. Und die werden den Teufel tun."

Beate Hoecker: Frauen, Männer und die Politik. Bonn. Dietz Verlag 1998, S. 22.

Aufgaben

1. Füllen Sie die leere Sprechblase in der Abbildung aus. Vergleichen und diskutieren Sie Ihre Ideen anschließend im Kurs.
2. Antworten Sie der Soziologin Beate Hoecker in einem Blog. Begründen Sie, ob Sie ihre Einschätzung teilen.

Ich stimme der Einschätzung (nicht) zu, ...

....

....

....

3. *Wir philosophieren:* Sollten Männer Frauen den Weg nach oben freimachen? Begründen Sie Ihren Standpunkt und formulieren Sie Alternativen.

KV 61

Typische Männer- und Frauenberufe?

Machen wir unsere Berufswahl tatsächlich vom eigenen Geschlecht beziehungsweise der verbreiteten Meinung über das jeweilige Berufsbild abhängig? Während es früher für eine Frau noch undenkbar war, zum Beispiel als Automechanikerin (neu: Kfz-Mechatronikerin) zu arbeiten, wird heute nicht mehr strikt nach Geschlechtern getrennt. Theoretisch. Aber wie sieht es damit heute in der Praxis aus?

Bereich		
Gesundheits- und Sozialwesen	77 %	23 %
Erziehung und Unterricht	72 %	28 %
sonstige Dienstleistungen, private Haushalte	66 %	34 %
Finanz- und Versicherungsdienstleistung	57 %	43 %
Gastgewerbe	55 %	45 %
Handel, Kfz-Instandhaltung und -reparatur	52 %	48 %
Wirtschaftsdienstleistungen	47 %	53%
Information und Kommunikation	34 %	66 %
Land- und Forstwirtschaft, Fischerei	33 %	67 %
verarbeitendes Gewerbe	25 %	75 %
Verkehr und Lager	25 %	75 %
Bergbau, Energie, Wasser, Entsorgung	20 %	80 %
Baugewerbe	13 %	87 %

nach: https://www.vigozone.de/typische-maennerberufe-frauenberufe/; Zugriff 2023-08-02.

Verschiedene Geschlechter bevorzugen bestimmte Berufe

Es gibt nach wie vor diverse Berufe, die ganz klar von einem Geschlecht dominiert werden. Das bedeutet, dass in diesen Berufen mindestens 70 % Männer beziehungsweise Frauen tätig sind. Durch Aktionen wie dem Girls‘ Day soll sich das ändern. Seit 2005 öffnen Unternehmen einen Tag lang ihre Türen und geben interessante Einblicke in Berufe und Bereiche, die immer noch als typisch männlich gelten, wie zum Beispiel IT oder Bauwesen.

Doch auch umgekehrt gibt es Berufe, die fast ausschließlich von Frauen ausgeübt werden. Dazu gehören Erzieherin, Kosmetikerin und Friseurin. Ein ausgeglichenes Geschlechterverhältnis gibt es besonders bei kaufmännischen Berufen und in der Gastronomie. In Berufen, die körperlich sehr anstrengend sind, zum Beispiel Maurer, bleiben die Männer weiterhin in der Mehrzahl. Ein entscheidender Faktor dafür sind die körperlichen Voraussetzungen. Deshalb scheint es bei einigen körperlich sehr anstrengenden Berufen unwahrscheinlicher zu sein, dass sich die Geschlechterverteilung angleicht, als bei Berufen, bei denen die Verteilung stark von einer sozialen Akzeptanz und Rollenbildern abhängig ist.

Online-Jugendmagazin „Vigozone“ der AOK Rheinland/Hamburg: https://www.vigozone.de/typische-maennerberufe-frauenberufe/; Zugriff 2023-08-02.

Aufgaben

1. Analysieren Sie zu zweit die Berufstabelle und überlegen Sie, warum zum Beispiel soziale Berufe immer noch vorrangig von Frauen gewählt werden. Schauen Sie sich dazu auch das Video mit den Äußerungen von Schülerinnen und Schülern an und beziehen Sie diese in Ihre Diskussion mit ein.

Rollenbilder spielen in der Berufswahl eine/keine Rolle ....

....

....

....

....

....

....

2. *Projektvorschlag:* Recherchieren Sie zum Girls´ Day im Internet. Haben Sie selbst an diesem Tag positive Erfahrungen gemacht? Tauschen Sie sich darüber im Kurs aus.
3. Schreiben Sie auf, inwieweit traditionelle Rollenbilder bei der Berufswahl eine Rolle spielen. Werten Sie Ihre Statements im Kurs aus.
4. *Wir philosophieren:* In der Vor- und Grundschule fehlen Männer als Lehrer. Warum wird die frühkindliche Bildung immer noch als Frauendomäne betrachtet? Diskutieren Sie mögliche Ursachen im Kurs.

Richard David Precht: Ersetzen Roboter den Menschen?

Eine intelligente Bombe im Handtaschenformat?

Luca und Nadine besuchen beide den Informatikkurs in ihrer Schule. „Hast du schon von ChatGPT gehört?“, fragt Nadine ihren Mitschüler. „Nein, worum geht es da?“ Das ist ein superintelligentes Sprachprogramm aus den USA“, antwortet Nadine. „Es kann Gedichte und Liedtexte schreiben oder politische Kommentare. Der Chatbot erklärt physikalische Theorien und ganze Geschichtsepochen. Du, wir brauchen das alles selbst nicht mehr zu recherchieren. Du stellst Fragen und die Maschine antwortet. Und das Coolste ist, das Programm funktioniert so, als spräche ein Mensch.“

Roboter verändern den Charakter der Arbeit

Der Weg scheint vorgezeichnet: Computer werden in der Zukunft mithilfe perfekterer Robotik und Sensorik, von KI und automatisierter Bildanalyse (Macbine Vision) Arbeit ausführen, die bislang vielen Millionen Menschen Vorbehalten war. Selbstständiges Computerlernen, bei dem physische und virtuelle Prozesse sich völlig neu miteinander verbinden, schafft eine ganz andere Sphäre der Arbeit, die mutmaßlich mit sehr viel weniger Beschäftigten auskommt als alles, was wir bisher kennen. Ob es um die Beschaffung von Rohstoffen geht, um die Produktion, das Marketing, den Vertrieb, die Logistik oder den Service, nichts bleibt davon unberührt. Für die Lohnarbeit nützliches Wissen und Können veraltet dabei in vielen Bereichen schneller als je zuvor, und ständig steilere Ansprüche treten hervor. Branchen sterben und entstehen neu, Jobprofile wandeln sich rasant und ebenso die alltägliche Zusammenarbeit, die bisherige Arbeitsteilung und die gewohnten Hierarchien. Und mit dem schnellen Wandel der Tätigkeiten und Berufsbilder ändern sich zugleich der Lebensrhythmus und die Lebensformen mit weitreichenden Folgen für die Gesellschaft.

Beginnen wir mit der Industrie. Mag Deutschland in manchen Bereichen der Digitalisierung hinterherhinken oder gar abgehängt sein – in der Vernetzung der Industriedaten gehört es zu den führenden Nationen der Welt. Die Arbeit, analoge Daten in digitale Daten zu übertragen, ist weitestgehend abgeschlossen. Sensoren in den Fabriken haben alle Arbeits- und Fertigungsschritte aufgezeichnet. Reale Produktionsstätten sind damit fast überall vollständig virtuell abgebildet und somit transparent. Der erste Schritt zu der von deutschen Physikern und Informatikern im Jahr 2011 so genannten Industrie 4.0 ist damit getan. Die Vernetzung der Industriedaten von Sensoren, Geräten und Maschinen bringt diese mehr und mehr dazu, selbstständig untereinander oder mit Menschen zu kommunizieren. Technische Assistenzsysteme unterstützen die Arbeitenden sowohl bei der Entscheidungsfindung als auch bei körperlich riskanten Tätigkeiten. Der Siegeszug der KI verwandelt Werkhallen und andere Produktionsstätten in immer stärker automatisierte Räume mit dem Ziel einer voll automatisierten Fabrik, die sich größtenteils selbst steuert. Schon jetzt treffen cyber-physische Systeme mancherorts autonome Entscheidungen: Sie passen die Fertigung in Echtzeit präzise an bestimmte Anforderungen an, steuern Prozesse, übernehmen die Logistik und managen die Energieversorgung. Selbstlernende Algorithmen prognostizieren Absätze und helfen dabei, die benötigte Produktionskapazität besser zu planen. Sie warten Maschinen vorausschauend und steuern zielgenau autonome Fahrzeuge. Und wo bislang Werkzeugmacher, Ingenieure, Logistikmeisterinnen, Kommissionierer, Speditionskaufleute, Lagermanagerinnen, Fahrer, Disponentinnen oder Supply-Chain-Manager arbeiten, nehmen künftig mehr und mehr voll automatisierte Maschinen und Softwarespezialisten ihren Platz ein.

Richard David Precht: Freiheit für alle. Das Ende der Arbeit, wie wir sie kannten. Goldmann: München 2022, S. 31/32.

Aufgaben

1. Schreiben Sie auf, ob ChatGPT für Sie ein praktikables Programm darstellt. Begründen Sie Ihren Standpunkt. Vergleichen Sie Ihre Positionen anschließend im Kurs.

ChatGPT ist (k)eine Hilfe ....

....

....

....

....

....

....

2. Was halten Sie von vollautomatisierten Arbeitsprozessen bzw. Werkhallen? Formulieren Sie dazu ein kurzes Statement. Diskutieren Sie anschließend im Kurs darüber.

   Schauen Sie sich dazu auch das folgende Video an:

Die Zukunft vollautomatisierter Arbeit besteht für mich darin ....

....

....

....

....

....

....

....

3. *Wir philosophieren:* Roboter ermöglichen den Menschen, weniger zu arbeiten bzw. schwere physische Arbeiten zu vermeiden. Ist die zunehmenden Robotisierung der Arbeit für Sie ein Zukunftsmodell? Begründen Sie Ihren Standpunkt.
4. *Weiterdenken für Interessierte:* Lesen Sie das Kapitel „Der große Umbruch, was kommt auf uns zu?" in dem angeführten Buch von Precht und erarbeiten Sie ein Kurzreferat dazu.

Ernest Callenbach: Arbeit und Freizeit in Ökotopia

Bereits 1975 veröffentlichte der amerikanische Schriftsteller und Filmkritiker Ernest Callenbach (1929–2012) seinen utopischen Roman „Ecotopia". Da kein Verlag ihn drucken wollte, brachte er ihn im Selbstverlag heraus und erreichte eine Millionenauflage.
Das Buch beginnt damit, dass der Journalist William Weston als erster Journalist den neu gegründeten Staat „Ökotopia" besuchen darf, der sich an der Südwestküste der USA befindet. In seinem Tagebuch beschreibt Weston den neuen Staat. Während in seinem Land Umweltschäden die Zivilisation gefährden, ist Ökotopia eine hochentwickelte Gesellschaft mit erneuerbaren Energien und Elektromobilität. Auch die Wirtschaft wurde neu organisiert.

Je mehr ich über die ökotopischen Arbeitsgewohnheiten herausgefunden habe, umso erstaunter bin ich, dass ihr System überhaupt funktioniert. Nicht nur, dass sie eine Zwanzig-Stunden-Woche eingeführt haben; man weiß darüber hinaus nicht einmal, wann ein Ökotopier arbeitet und wann er Freizeit hat. Während einer wichtigen Diskussion im Büro einer Regierungsbehörde beschließen plötzlich alle, in die Sauna zu gehen. Es stimmt zwar, dass sie informelle Vereinbarungen darüber getroffen haben, dass man sich, wie sie es formulieren, gegenseitig „deckt" – jemand bleibt also zurück, um ans Telefon zu gehen und Besucher zu empfangen. Und es stimmt auch, dass unsere Diskussion sogar in der Sauna weitergeführt wurde, auf einer persönlicheren Ebene, was sich als recht erfreulich erwies. Aber die ökotopische Gesellschaft bietet so viele Gelegenheiten für Vergnügungen und Zerstreuung, dass man nur schwer einschätzen kann, wie die Leute überhaupt das gegenwärtige Leistungsniveau halten können.

In ihren Fabriken, Lagerhäusern und Geschäften spielen sich Dinge ab, die unsere Manager und Abteilungsleiter nahezu unglaublich finden würden. Ich habe erlebt, wie eine ganze Abteilung von jetzt auf gleich die Arbeit einstellte; jemand besorgt Bier oder Marihuana, und schon feiert man eine Party inmitten von Kisten und Maschinen. Arbeiter in ökotopischen Unternehmen haben nicht die Einstellung von normalen Arbeitern. Vielleicht betrachten sie die Betriebe als ihr Zuhause oder zumindest als ihr Terrain, weil sie Teilhaber der Firma sind.

Ernest Callenbach: Ökotopia. Reclam: Stuttgart 2022, S. 267/268.

Keine Arbeitslosigkeit

Arbeitslosigkeit scheint den Ökotopiern überhaupt keine Sorgen zu bereiten. Es gab zwar viele Arbeitslose unmittelbar vor der Unabhängigkeit, aber mit dem Übergang zur Zwanzig-Stunden-Woche hat sich die Zahl der Jobs fast verdoppelt – obwohl einige wieder verlorengingen wegen der ökologisch bedingten Schließungen und Vereinfachungen, und natürlich sank das Durchschnittseinkommen in den meisten Familien. Offenbar musste die Finanzpolitik des Landes in der Übergangsphase, als sich ein vollkommen neues Konzept der Lebensstandards herausbildete, mit großer Flexibilität betrieben werden, um plötzliche inflationäre oder deflationäre Tendenzen auszugleichen. Das Ergebnis scheint jetzt zu sein, dass die Unternehmen keinen ernstzunehmenden Mangel an Partner-Arbeitern verzeichnen und dass es gleichzeitig keine nennenswerte Zahl von Leuten gibt, die unfreiwillig arbeitslos sind. Wie dem auch sei, aufgrund des Systems eines garantierten Grundeinkommens und der Grundbedarfsläden wird eine zeitweilige Arbeitslosigkeit von den Leuten nicht als Desaster oder Bedrohung empfunden; für gewöhnlich wird diese Zeit für kreative Zwecke, für Weiterbildung oder zur Erholung genutzt, manchmal wird sie auch bewusst ausgedehnt. So kommt es, dass sich in Ökotopia Freunde, die arbeitslos sind (meistens aufgrund des Zusammenbruchs ihrer alten Firma), zusammenschließen und Studien betreiben, die ihnen den Weg zu einem eigenen Unternehmen ebnen.

Ernest Callenbach: Ökotopia. Reclam: Stuttgart 2022, S. 269/270.

Aufgaben

1. Geben Sie dem Bild eine Überschrift. Sprechen Sie im Kurs darüber, welche Gedanken und Gefühle das Bild in Ihnen auslöst.
2. Schreiben Sie auf, was Ihnen besonders an der Organisation der Wirtschaft in Ökotopia gefällt oder nicht gefällt. Diskutieren Sie Ihre Einschätzung im Kurs.

Die Zukunft vollautomatisierter Arbeit besteht für mich darin ....

....

....

....

....

....

3. *Wir philosophieren:* Party-Stimmung und Produktivität – passt das zusammen? Positionieren Sie sich mit Argumenten.
4. *Weiterdenken für Interessierte:* Lesen Sie das Kapitel „Arbeit und Freizeit“ bei den Ökotopiern in dem oben angeführten Buch.
5. *Weiterdenken für Interessierte:* Lesen Sie in Englisch den Vorläufer von Ökotopia, u. a. auch zum bedingungslosen Grundeinkommen von Edward Bellamy: „Looking Backward 2000–1887“.

KV 64

Wir debattieren: Das bedingungslose Grundeinkommen

Leonie und Mark haben sich im Unterricht mit Thomas Morus´ „Utopia“ beschäftigt. „In Utopia gibt es keine Armut mehr“, lobt Leonie den Gesellschaftsentwurf des englischen Philosophen. „Alle Menschen erhalten finanzielle Mittel als Existenzminimum. Das wünsche ich mir auch für unsere Gesellschaft.“ Mark denkt einen Augenblick nach. Dann antwortet er: „Aber, warum sollen die Menschen dann überhaupt noch arbeiten?“

Thomas Morus

Thomas Paine

Olympe de Gouges

Kurz erklärt: Das bedingungsglose Grundeinkommen

Hinter dem bedingungslosen Grundeinkommen (BGE) steht die Idee, dass alle Bürgerinnen und Bürger eines Staates eine vom Staat garantierte finanzielle Existenzgrundlage erhalten, ohne dafür eine Gegenleistung erbringen zu müssen. Die Idee entstand bereits während der industriellen Revolution mit Beginn des 18. Jahrhunderts, als viele Arbeitsplätze durch Maschinen ersetzt wurden und die damalige Erwerbsgesellschaft ins Wanken geriet. Sie erhielt angesichts der zunehmenden Robotisierung der Gesellschaft des 21. Jahrhunderts neuen Aufschwung und hat gegenwärtig viele Namen wie „Bürgergeld“, „garantiertes Existenzminimum“ oder „Sozialdividende“. Angesichts einer wachsenden Ökonomie der knappen Arbeitsplätze sollen die Menschen das Grundrecht bekommen, selbst entscheiden können, ob bzw. wie viel sie arbeiten. Philosophinnen und Philosophen sowie Ökonomen und Ökonominnen, die diese Idee mitentwickelt haben, sind u. a. Thomas Morus (1478–1535), Thomas Paine (1737–1809) und Olympe de Gouges (1748–1793). Sie alle verfolgten die Idee, dass Menschen in Würde existieren sollen, ohne auf Almosen vom Staat angewiesen zu sein. Die Finanzierung des BGE wird über ein Steuersystem erfolgen müssen, beispielsweise mit Einführung einer Finanztransaktionssteuer für Geldflüsse von und nach Nicht-EU-Staaten.

Aufgabe

1. Formulieren Sie eine Antwort an Mark. Vergleichen Sie Ihre Ideen anschließend im Kurs.

....

....

....

....

....

....

....

Aufgaben

2. Informieren Sie sich im Netz über Thomas Morus, Thomas Paine und Joseph Fourier.
3. Schauen Sie sich das Video mit der Debatte über das BNE der Bundeszentrale für politische Bildung an und ergänzen Sie anschließend die Pro- und Kontra-Argumente schriftlich.

Argumente für das bedingungslose Grundeinkommen

- soziale Absicherung
- Achtung der Menschenwürde
- Bündelung aller bisherigen Sozialleistungen
- die Robotisierung der Gesellschaft vernichtet sowieso Arbeitsplätze
- die Konsumgesellschaft wird eingedämmt
- der CO_2-Ausstoß verringert sich durch weniger Konsum

....

....

....

....

....

Argumente gegen das bedingungslose Grundeinkommen

- Arbeit ist sinnstiftend und prägt das Wesen des Menschen (z. B. Karl Marx)
- Faulheit ist eine anthropologische Konstante des Menschen und vergrößert sich ohne Arbeit (die „Ausruhgesellschaft“, die „Stilllegungsprämie“)
- Bedürfnisgerechtigkeit wird durch Bedürfnissicherheit ersetzt (BGE auch für Millionäre)
- die Zweiklassengesellschaft vergrößert sich: die Arbeitenden und diejenigen, die nicht arbeiten
- das BGE kann nur international eingeführt werden, weil bei einer nationalen Lösung der Druck zur Abgrenzung nach außen gefordert werden könnte
- die Rolle der Gewerkschaften wird geschwächt, sie vertreten nur noch den arbeitenden Teil der Bevölkerung

....

....

....

....

....

4. Führen Sie nun eine eigene Debatte im Kurs.
5. *Weiterdenken für Interessierte:* Lesen Sie die Seiten über das BGE in dem Buch „Freiheit für alle. Das Ende der Arbeit, wie wir sie kannten“ von Richard David Precht. Goldmann: München 2022, S. 327–356.

Rechtlicher Exkurs: Das Jugendarbeitsschutzgesetz

Kurz erklärt: Arbeits- und Sozialrecht in Deutschland

Die Rechte und Pflichten von Arbeitnehmerinnen und Arbeitnehmern am Arbeitsplatz werden in Deutschland durch verschiedene Gesetze geregelt. Sie umfassen Regelungen zum Individualarbeitsrecht, welches das Verhältnis von Arbeitnehmer- und Arbeitgeberseite betrifft, sowie zum kollektiven Arbeitsrecht, das die Beziehungen zwischen Arbeitgebervertretungen (Arbeitgeberverbänden) sowie den Arbeitnehmervertretungen (Gewerkschaften) umfasst. Zu den wichtigsten Gesetzen gehören:

Arbeitsschutzgesetz (ArbSchG)
Bundesurlaubsgesetz (BurlG)
Arbeitszeitgesetz (ArbZG)
Entgeltortzahlungsgesetz (EntgFG)
Mutterschutzgesetz (MuSchuG)

Das Jugendarbeitsschutzgesetz (JArbSchG)

Viele Arbeitsgesetze betreffen Erwachsene, d. h. Personen ab 18 Jahren. Jugendliche unter 18 Jahren, die sich in der Ausbildung befinden oder Gelegenheitsjobs annehmen, unterliegen dem Jugendarbeitsschutzgesetz. Es gilt für Jugendliche ab 15 Jahren bis zu einem Alter von 18 Jahren. Auszubildende, die älter als 18 sind, können sich nicht mehr auf dieses Gesetz berufen. Der Jugendarbeitsschutz bezieht sich ausschließlich auf eine bezahlte Beschäftigung, unabhängig davon, ob es sich um eine Ausbildung, einen Nebenjob oder eine Gelegenheitsarbeit handelt. Außerdem gilt es auch dann, wenn Jugendliche ein Betriebspraktikum absolvieren. Für Jugendliche, die geringfügige Arbeiten im Haushalt oder bei Renovierungen im familiären Bereich übernehmen, hat es keine Gültigkeit.

Kinderarbeit ist in Deutschland grundsätzlich verboten. Wenn bei Kindern über 13 Jahre die Eltern zustimmen, dürfen sie 2 Stunden täglich arbeiten. Für Jugendliche ab 15 Jahren gilt, dass sie in den Ferien 4 Wochen pro Kalenderjahr arbeiten dürfen. Ausnahmeregelungen gelten, wenn Kinder und Jugendliche bei künstlerischen Produktionen wie zum Beispiel Theateraufführungen mitwirken.

Die Arbeitszeiten für minderjährige Beschäftigte sind ebenfalls streng geregelt: Sie dürfen nicht mehr als 8 Stunden pro Tag, nicht mehr als 40 Stunden pro Woche und keine Schicht (Arbeitszeiten plus Ruhepausen) länger als 10 Stunden arbeiten. Darüber hinaus gelten besondere Regeln zu den Pausen, zur Dauer der Freizeit und für die Nachtruhe. Die Einhaltung des Gesetzes wird von Gewerbeaufsichtsamt kontrolliert.

Auszüge aus dem Jugendarbeitsschutzgesetz

§ 8 Dauer der Arbeitszeit

(1) Jugendliche dürfen nicht mehr als acht Stunden täglich und nicht mehr als 40 Stunden wöchentlich beschäftigt werden.

(2) Wenn in Verbindung mit Feiertagen an Werktagen nicht gearbeitet wird, damit die Beschäftigten eine längere zusammenhängende Freizeit haben, so darf die ausfallende Arbeitszeit auf die Werktage von fünf zusammenhängenden, die Ausfalltage einschließenden Wochen nur dergestalt verteilt werden, dass die Wochenarbeitszeit im Durchschnitt dieser fünf Wochen 40 Stunden nicht überschreitet. Die tägliche Arbeitszeit darf hierbei achteinhalb Stunden nicht überschreiten.

(2a) Wenn an einzelnen Werktagen die Arbeitszeit auf weniger als acht Stunden verkürzt ist, können Jugendliche an den übrigen Werktagen derselben Woche achteinhalb Stunden beschäftigt werden.

(3) In der Landwirtschaft dürfen Jugendliche über 16 Jahre während der Erntezeit nicht mehr als neun Stunden täglich und nicht mehr als 85 Stunden in der Doppelwoche beschäftigt werden.

§ 9 Berufsschule

(1) Der Arbeitgeber hat den Jugendlichen für die Teilnahme am Berufsschulunterricht freizustellen. Er darf den Jugendlichen nicht beschäftigen

1. vor einem vor 9 Uhr beginnenden Unterricht; dies gilt auch für Personen, die über 18 Jahre alt und noch berufsschulpflichtig sind,

2. an einem Berufsschultag mit mehr als fünf Unterrichtsstunden von mindestens je 45 Minuten, einmal in der Woche,

3. in Berufsschulwochen mit einem planmäßigen Blockunterricht von mindestens 25 Stunden an mindestens fünf Tagen; zusätzliche betriebliche Ausbildungsveranstaltungen bis zu zwei Stunden wöchentlich sind zulässig.

[...]

(3) Ein Entgeltausfall darf durch den Besuch der Berufsschule nicht eintreten.

Aufgaben

1. Bilden Sie kleine Gruppen und beschäftigen Sie sich mit den oben angeführten Gesetzen.
Arbeiten Sie heraus, für wen und für welche Situationen sie gelten.

Das Jugendschutzgesetz dient dazu ....

....

....

....

....

2. Erklären Sie, warum es notwendig ist, auch Regelungen für die Berufsschultätigkeit von Jugendlichen zu erlassen.

3. *Wir philosophieren:* Notieren Sie Stichworte, warum es wichtig ist, gesetzliche Arbeitsschutzregelungen speziell für Jugendliche zu erlassen. Diskutieren Sie anschließend im Kurs darüber.

Fallbeispiel 9 (Ethik): Geschlechtsneutrale Bewerbungsunterlagen – ein Weg gegen Diskriminierung?

Clara möchte sich für ein duales Studium bei einem großen deutschen Logistikunternehmen bewerben. Als sie die Bewerbungsunterlagen erhält, ist sie sehr erstaunt. „Ich muss gar nicht mehr angeben, ob ich ein Junge oder ein Mädchen bin", sagt sie zu ihrer Mutter. „Sie wollen auch nicht wissen, was mein Herkunftsland ist und ein Foto muss sich auch nicht anfügen." Die Mutter nickt. „Das finde ich total akzeptabel. Nur noch deine schulischen Leistungen zählen, alles andere ist unwichtig. Es wäre gut, wenn alle Unternehmen diesen Gerechtigkeitsmaßstab anwenden würden."

....

....

....

....

....

....

....

....

....

....

....

Aufgaben

1. Schreiben Sie auf, ob Sie Claras Mutter zustimmen oder nicht. Begründen Sie Ihren Standpunkt. Diskutieren Sie anschließend im Kurs darüber.
2. *Wir philosophieren:* Bei geschlechtsneutralen Bewerbungsunterlagen können Frauen nicht speziell gefördert werden, obwohl sie in vielen beruflichen Branchen unterrepräsentiert sind. Ist das gerecht? Begründen Sie Ihren Standpunkt.
3. *Projektvorschlag:* Zahlreiche Bundesländer haben spezielle Frauenfördergesetze. Recherchieren Sie dazu im Netz. Beantworten Sie anschließend die Frage, ob sie mit den geschlechtsneutralen Bewerbungsunterlagen vereinbar sind.

Fallbeispiel 10 (Recht): Dürfen Jugendliche als Erntehelferinnen bzw. Erntehelfer arbeiten?

Lena ist 15 Jahre alt. Sie ist in den Ferien mit ihrer 13-jährigen Schwester Sarah zu den Großeltern aufs Land gefahren. Ihr großer Bruder Boris ist gerade 18 geworden und arbeitet bereits im Dorf als Erntehelfer. Lena möchte dort auch Geld verdienen. Der Bauer freut sich über ihre Nachfrage, denn er benötigt dringend Hilfe bei der Ernte. Er stellt allerdings die Bedingung, dass Lena täglich wie ihr Bruder 12 Stunden arbeiten muss. Sarah möchte auch mithelfen und einige Stunden auf dem Feld arbeiten.

....

....

....

....

....

....

....

....

....

....

....

....

....

....

Aufgaben

1. Begründen Sie schriftlich mit dem Jugendarbeitsschutzgesetz, ob Boris, Lena und Sarah ihren Wünschen entsprechend als Erntehelferinnen bzw. Erntehelfer arbeiten dürfen. Argumentieren Sie mit den gesetzlichen Regelungen, unter denen Jugendliche tätig sein dürfen. Diskutieren Sie Ihre Entscheidungen im Kurs.
2. Vergleichen Sie die Arbeit der drei Jugendlichen mit der Kinderarbeit in Bangladesch. Arbeiten Sie Gemeinsamkeiten und Unterschiede heraus.

Der ehrbare Kaufmann

Kurz erklärt: Der ehrbare Kaufmann

Im 12. Jahrhundert zogen italienische Kaufleute zu Fuß von Stadt zu Stadt und boten ihre Waren an. Sie schlossen sich in Gilden zusammen, weil sie verhindern wollten, dass die Bevölkerung sie als Betrüger betrachtete und keine Geschäfte mit ihnen machen wollte. Deshalb gaben sie sich auch Verhaltensregeln, die sie wechselseitig kontrollierten. Wenn diese Regeln der „ehrbaren Geschäfte" nicht eingehalten wurden, entzog die Gilde den Betroffenen die „Ehre" und schloss sie aus. Sie wurden als Kaufleute gesellschaftlich degradiert und konnten dadurch keine guten Geschäfte mehr machen.

Aufgaben

1. *Mit Gedanken experimentieren:* Stellen Sie sich vor, Sie wären in einer Kaufmannsgilde im 12. Jahrhundert und zogen von Stadt zu Stadt, um ihre Waren anzubieten. Welche Verhaltensregeln hätten Sie sich gegeben? Schreiben Sie mindestens zwei Regeln auf und vergleichen Sie Ihre Ideen im Kurs.

....

....

....

....

....

....

....

....

2. In Hamburg gibt es seit 1517 die „Versammlung Eines Ehrbaren Kaufmanns zu Hamburg e.V.". Informieren Sie sich im Internet darüber und schauen Sie sich das folgende Video dazu an:

3. *Wir philosophieren:* Die Ehre war für Kaufleute im Mittelalter sehr wichtig. Sollte sie auch heute noch unter Kaufleuten eine Rolle spielen? Begründen Sie Ihren Standpunkt.

KV 68 Wirtschaftsethik als Teilbereich der Sozialethik

Ethik
stellt die Frage nach dem guten moralischen Handeln und den Merkmalen eines guten Lebens

Sozialethik
stellt die Frage, wie Menschen gut zusammenleben können

Wirtschaftsethik
stellt die Frage, wie die Marktwirtschaft ethisch, sozial und ökologisch gestaltet werden kann

Unternehmensethik
- Mitspracherechte von Mitarbeiterinnen und Mitarbeitern in Firmen
- fairer Umgang mit Konkurrentinnen und Konkurrenten auf dem Markt
- faire Preisgestaltung gegenüber Kundinnen und Kunden

Managementethik
- Führungsstile
- Kommunikationsformen in Unternehmen
- ethische Werte in der Unternehmensführung

Kurz erklärt: Wirtschaftsethik

Aus den Verhaltensregeln des „ehrbaren Kaufmanns" hat sich insbesondere im 20. Jahrhundert die Wirtschaftsethik als ein Teilbereich der Ethik bzw. der Sozialethik entwickelt. Ihre wichtigste Aufgabe besteht darin, einen ethischen Verhaltenskodex für das Wirtschaftsleben in unserer Gesellschaft zu entwerfen.

Aufgaben

1. Formulieren Sie einige Werte für die Unternehmensführung. Bilden Sie anschließend kleine Gruppen und stellen Sie Ihre Werte vor. Achten Sie gegenseitig auf Begründungen.

Ethische Werte für die Unternehmensführung sind für mich ....

....

....

....

....

....

....

2. Erstellen Sie in der Gruppe eine Liste mit den fünf wichtigsten Werten der Unternehmensführung und ergänzen Sie diese im Laufe des Kurses.
3. *Wir philosophieren:* Diskutieren Sie im Kurs darüber, warum auch die Wirtschaft ethische Regeln braucht.

Urs Thurnherr: Welchen Sinn hat Wirtschaftsethik?

Die Wirtschaftsethik repräsentiert eine Subdisziplin der Sozialethik, und deshalb stehen im Bereich der Wirtschaftsethik auch vor allem Fragen der Gerechtigkeit, insbesondere der Verteilungsgerechtigkeit im Vordergrund: Wer hat einen gerechten Anspruch auf die Profite, die lokale, nationale und globale Unternehmen abwerfen, und in welchem Maß? Solche Fragen beziehen sich primär auf das extensive Moment der Moral, das den Einbezug der jeweils anderen Menschen verfolgt. Dennoch lässt sich am Beispiel der Ökonomie bzw. der ökonomischen Vernunft besonders gut entfalten, was es mit dem intensiven Moment der Moral auf sich hat und inwiefern angewandte Ethik immer auch dieses Moment betrifft.

Wenn es in unserer heutigen Lebenswelt bei irgendwelchen Projekten um konkrete Überlegungen geht, haben wir es vornehmlich mit der ökonomischen Vernunft zu tun. Darunter ist jene Art der Vernunft zu verstehen, die sich in Nützlichkeitserwägungen erschöpft und dabei vor allem darauf zielt, möglichst viel Geld zu verdienen oder zu sparen, also auf Profitmaximierung. [...]

Die meisten Entscheidungen in unserer industrialisierten Lebenswelt – und zwar nicht nur die politischen, sondern auch die privaten – werden von einer als ökonomisch zu bezeichnenden Vernunft inspiriert, die im größtmöglichen Erwerb von Geld und Besitz den Maßstab richtigen Handelns und damit in gewisser Weise das höchste Lebensziel der Menschen sieht.

Urs Thurnherr: Angewandte Ethik. Felix Meiner: Hamburg 2000, S. 91/92.

Aufgaben

1. Welche Antwort würden Sie der Unternehmerin geben?
2. Schreiben Sie auf, welche Aufgabe die Wirtschaftsethik aus Ihrer Sicht erfüllen sollte. Vergleichen Sie Ihre Ideen im Kurs.

   Die Wirtschaftsethik hat daher die Aufgabe ....

   ....

   ....

3. *Wir philosophieren:* Diskutieren Sie die Ursachen, warum wir viele unserer Handlungen an der ökonomischen Vernunft orientieren.

Papst Franziskus: Profit versus Ethik schadet der Wirtschaft

Kurz vorgestellt: Papst Franziskus

Papst Franziskus ist seit 2013 das Oberhaupt der römisch-katholischen Kirche. In seiner Umweltenzyklika widmet er sich vor allem Fragen von Biodiversität und Ökonomie.

Das Prinzip der Gewinnmaximierung, das dazu neigt, sich von jeder anderen Betrachtungsweise abzukapseln, ist eine Verzerrung des Wirtschaftsbegriffs: Wenn die Produktion steigt, kümmert es wenig, dass man auf Kosten der zukünftigen Ressourcen oder der Gesundheit der Umwelt produziert; wenn die Abholzung eines Waldes die Produktion erhöht, wägt niemand in diesem Kalkül den Verlust ab, der in der Verwüstung eines Territoriums, in der Beschädigung der biologischen Vielfalt oder in der Erhöhung der Umweltverschmutzung liegt. Das bedeutet, dass die Unternehmen Gewinne machen, indem sie einen verschwindend kleinen Teil der Kosten einkalkulieren und tragen. Als ethisch könnte nur ein Verhalten betrachtet werden, in dem „die wirtschaftlichen und sozialen Kosten für die Benutzung der allgemeinen Umweltressourcen offen dargelegt sowie von den Nutznießern voll getragen werden und nicht von anderen Völkern oder zukünftigen Generationen". Die zweckgebundene Rationalität, die nur eine statische Analyse der Wirklichkeit im Hinblick auf die aktuellen Bedürfnisse liefert, ist sowohl im Spiel, wenn es der Markt ist, der die Mittel zuteilt, als auch wenn dies ein planwirtschaftlich geführter Staat tut.

Papst Franziskus: Laudato si' – Über die Sorge für das gemeinsame Haus. Die Umweltenzyklika. Katholisches Bibelwerk: Stuttgart 2015, S. 162/163

Aufgaben

1. Formulieren Sie mit eigenen Worten den wichtigsten Gedanken des Textes.

   Der Hauptgedanke des Textes ist für mich ....

   ....

   ....

   ....

   ....

2. Erklären Sie den Begriff „allgemeine Umweltressourcen".
3. *Wir philosophieren:* Wer, wenn nicht der Markt, sollte in welchem Umfang über die allgemeinen Umweltressourcen entscheiden? Begründen Sie Ihren Standpunkt.
4. *Projektvorschlag:* Halten Sie ein Kurzreferat über die Umweltenzyklika des Papstes.
5. *Weiterdenken für Interessierte:* Lesen Sie in dem oben angeführten Buch das Kapitel „Was unserem Haus widerfährt".

KV 71

Nicht nur Shareholder Value zählt

Kurz erklärt: Das Projekt Weltethos

Der Schweizer Theologe Hans Küng (1928–2021) war der Initiator des Projekts „Weltethos". Es beschäftigt sich mit der Ausarbeitung und Begründung eines globalen Ethos, also eines ethischen Kerns, der alle Weltreligionen verbindet. Darunter versteht Küng ein Minimum an Übereinstimmung bezüglich gemeinsamer humaner Werte, Maßstäbe und Grundhaltungen. Diese beziehen sich nicht nur auf die Religionen, sondern auch auf die internationalen Wirtschafts- und Rechtsordnungen.

Der Code of Ethics

Im Jahr 1993 wurde innerhalb des „Projekts Weltethos" ein „Code of Ethics on International Business for Christians, Muslims and Jews" beschlossen (Ethischer Codex internationaler Geschäfte für Christen, Moslems und Juden). Ein Jahr später beschlossen führende internationale Geschäftsleute aus Europa, Japan und den USA den „Caux Round Table" mit dem Ziel, weltweite ethische Standards für einen fairen Wettbewerb auf dem Markt zu etablieren.

Die Caux-Erklärung geht aus vom Faktum der Globalisierung: „Die Mobilität von Arbeit, Kapital, Produkten und Technologie macht die Wirtschaft zunehmend global in ihren Transaktionen und ihren Effekten." Doch stellt sie zugleich fest, dass die Unternehmen über die Gewinnerwirtschaftung hinaus Verpflichtungen haben und dass man sich für die Lösung der Probleme nicht nur auf die „Magie" des Marktes verlassen kann: „Gesetze und Marktkräfte sind notwendige, aber ungenügende Verhaltensrichtlinien. Verantwortung für die Geschäftspolitik und -aktivitäten und Respekt für die Würde und Interessen ihrer Akteure sind grundlegend. Gemeinsame Werte, darin eingeschlossen die Verpflichtung auf gemeinsamen Wohlstand, sind ebenso wichtig für die globale Gemeinschaft wie für Gemeinschaften kleineren Ausmaßes." Deswegen wird in der Erklärung die „Notwendigkeit von moralischen Werten in den wirtschaftlichen Entscheidungsprozessen" bejaht: „Ohne sie sind stabile Geschäftsbeziehungen und eine überlebensfähige Weltgemeinschaft unmöglich."

Es ist für beide Erklärungen bezeichnend, dass sie die Aufgabe des Unternehmens keineswegs nur im Gewinn für die „Shareholder" oder Aktionäre sehen, sondern in der Verantwortung für alle „Stakeholder", Akteure, Beteiligten, die im Unternehmen ihren „Stake", „Einsatz", einbringen. Die Caux-Erklärung findet diesen Punkt so grundlegend, dass sie als erstes allgemeines Prinzip an die Spitze stellt: „Die Verantwortlichkeiten (responsibilities) der Unternehmen: über die Aktionäre hinaus hin zu den Akteuren (beyond shareholders toward stakeholders)." Das Gewinnstreben wird als voll berechtigt, aber als nicht ausreichend angesehen: „Die Betriebe haben eine Rolle zu spielen, indem sie das Leben all ihrer Kunden, Arbeitnehmer und Aktionäre verbessern, indem sie mit ihnen den Wohlstand, den sie geschaffen haben, teilen."

Hans Küng: Weltethos für Weltpolitik und Weltwirtschaft. Pieper: München und Zürich 1997, 2. Auflage, S. 335/336.

Aufgabe

1. Schreiben Sie auf, was es für Sie bedeutet, Verantwortung für alle Stakeholder in einem Unternehmen zu übernehmen. Tragen Sie Ihre Vorschläge im Kurs zusammen.

Verantwortung für alle Stekeholder zu übernehmen, bedeutet in einem Unternehmen ......

....

....

....

Verpflichtungen für Unternehmen

Für beide Erklärungen ist es deshalb konsequent, dass sie mehr oder weniger detaillierte Abschnitte über die Verpflichtungen der Unternehmen gegenüber allen sechs Akteuren umschreiben: gegenüber den Arbeitnehmern, den Kunden, Zulieferern und Financiers, der Gemeinschaft (lokale und nationale Regierungen) und schließlich auch gegenüber den Eigentümern (Owners/Shareholders/Investors: in der Interfaith-Erklärung an letzter Stelle aufgeführt, in der Caux-Erklärung an 3. Stelle).

Was die Verpflichtungen der Unternehmen gegenüber ihren Arbeitnehmern betrifft, stimmen beide Erklärungen überein. Die Caux-Erklärung führt aus: „Wir glauben an die Würde jedes Arbeitnehmers und ein Ernstnehmen seiner Interessen. Deshalb haben wir die Verantwortung:

- für Arbeitsplätze und Lohn zu sorgen, welche die Lebensbedingungen der Arbeiternehmer verbessern [...];
- in aufrichtige Verhandlungen einzutreten, wenn ein Konflikt ausbricht [...];
- in der Wirtschaft selbst die Anstellung verschieden begabter Menschen an Arbeitsplätzen, an denen sie wirklich nützlich sind, zu fördern";
- und schließlich neben all den übrigen Arbeitgeberpflichten bezüglich Information und Kommunikation, Gesundheitsfürsorge und Weiterbildung besonders: „für die schwerwiegenden Probleme der Arbeitslosigkeit, die häufig mit Geschäftsentscheidungen in Verbindung stehen, sensibel zu sein [...]."

Hans Küng: Weltethos für Weltpolitik und Weltwirtschaft. Pieper: München und Zürich 1997, 2. Auflage, S. 336/337.

Aufgaben

2. Schreiben Sie weitere Verantwortlichkeiten von Unternehmen auf, z. B. im Produktionsprozess oder im Marketing. Diskutieren Sie auch diese im Kurs.

Weitere Verantwortlichkeiten in Unternehmen

....

....

....

....

3. Beurteilen Sie die Chancen, eine Balance zwischen dem Gewinnstreben eines Konzerns auf der einen Seite und dem Wohlstand für alle seine Akteure (Stakeholders) auf der anderen Seite herzustellen.

4. *Projektvorschlag:* Recherchieren Sie zu Hans Küng und Weltethos im Netz unter www.weltethos.org.

Sie können sich dazu auch dieses Video ansehen: 

Wirtschaft neu denken – soziale Unternehmen

Karina hat in Rostock ein Startup gegründet. Sie produziert aus Muscheln Modeschmuck. „Ich verwende nicht nur Naturstoffe“, sagt sie stolz. „In meinem Unternehmen kann jeder, der hier arbeitet, Unternehmensanteile kaufen. Das motiviert. Die Leute arbeiten nicht nur für mich, sondern auch für sich. Wir sind ein soziales Unternehmen.“
Ihr Freund ist allerdings ein wenig skeptisch. „Das funktioniert vielleicht in einem kleinen Unternehmen, aber nicht in einem großen!“

Was ist ein soziales Unternehmen?

Soziale Unternehmen beruhen auf den Prinzipien der Mitbestimmung oder Beteiligung von Mitarbeiterinnen und Mitarbeitern und sind größtenteils auf soziale Gerechtigkeit ausgerichtet. Ihre Geschäftstätigkeit umfasst soziale oder ökologische Innovationen; die Gewinne werden größtenteils wieder investiert. Eines ihrer wesentlichen Ziele ist es, wichtige Impulse für die Gesellschaft, die Umwelt oder das örtliche Gemeinwesen zu geben. So gehören zu den sozialen Unternehmen beispielsweise genossenschaftliche Firmen (z. B. im Wohnungsbaubereich), GmbHs (z. B. die Berliner Behindertenwerkstätten) oder auch gemeinnützige Organisationen wie die Humanitarian Logistics Organization aus Hamburg. Allen ist gemeinsam, dass es um unternehmerisches Handeln geht, bei dem Gewinne erwirtschaftet werden. Stiftungen, Vereine und Organisationen, die nicht nach betriebswirtschaftlichen Regeln arbeiten, gehören nicht dazu. Soziale Unternehmen sind in vielen Branchen unserer Gesellschaft tätig, wie zum Beispiel im Bereich Erziehung und Unterricht, Gesundheits- und Sozialwesen sowie dem Informations- und Kommunikationssektor, wie auch in der Energieversorgung, der Landwirtschaft oder dem Baugewerbe. Die EU fördert die Gründung von sozialen Unternehmen mit zusätzlichen Finanzmitteln:

Soziale Unternehmen sind keine Erfindung der Moderne. Schon im 19. Jahrhundert entwickelte zum Beispiel Friedrich Wilhelm Raiffeisen (1818–1888) das Genossenschaftsmodell, um Landwirten eine bessere Absicherung bei Ernteausfällen zu ermöglichen. Im Gesundheitsbereich gründete die Engländerin Florence Nightingale (1820–1910) die erste nicht konfessionelle Krankenpflegeschule und professionalisierte so in einem Sozialunternehmen die Krankenpflege.

Für soziale Unternehmen gilt europaweit:

- dass die gesellschaftlichen Auswirkungen ihrer Arbeit mehr zählen als die Erwirtschaftung von Gewinnen für Eigentümerinnen und Eigentümer bzw. Anteilsinhaberinnen und -inhaber;
- dass sie auf verantwortliche, transparente und innovative Weise Arbeitnehmerinnen und Arbeitnehmer in die Unternehmenstätigkeit einbinden;
- dass sie mit sozialen oder ökologischen Innovationen Bedürfnisse abdecken, die bislang auf dem Markt noch nicht oder nicht ausreichend erfüllt wurden, z. B. die Produktion von Wärmepumpen im Energiebereich;
- dass sie die ökologischen Folgen ihrer Arbeit überdenken und somit zu einem nachhaltigen Wachstum beitragen, z. B. auf die Reduzierung von Müll achten.

Aufgaben

1. Schreiben Sie auf, was Karina ihrem Freund antworten könnte. Vergleichen Sie Ihre Statements anschließend im Kurs.

   Karinas Antwort:

   ....

   ....

   ....

   ....

   ....

   ....

   ....

   ....

2. Fassen Sie mit eigenen Worten zusammen, wodurch sich ein soziales Unternehmen auszeichnet. Beziehen Sie in Ihre Überlegungen auch das Foto mit ein.
3. Nennen Sie schriftlich mindestens ein Argument, warum die EU die Gründung von sozialen Unternehmen fördert.

   Die EU unterstützt soziale Unternehmen, weil ....

   ....

   ....

   ....

   ....

   ....

   ....

4. *Projektvorschlag:* Recherchieren Sie die Tätigkeiten von Friedrich Wilhelm Raiffeisen und Florence Nightingale.

5. Halten Sie ein Kurzreferat zur Förderung von sozialen Unternehmen durch die EU:

Compliance-Regeln in Unternehmen

Kurz erklärt: Der Begriff „Compliance“

Die Übersetzung des englischen Wortes „compliance“ bedeutet „Handeln im Einklang mit geltendem Recht“, d. h.: Unternehmen müssen auf dem Markt rechtliche Normen einhalten, wie beispielsweise den fairen Wettbewerb. Compliance umfasst aber auch die Einhaltung ethischer Normen, insbesondere im geschäftlichen Bereich eines Unternehmens. Sie werden im Gegensatz zu den rechtlichen Normen freiwillig aufgestellt: Viele Firmen haben einen selbst entwickelten Verhaltenskodex (Code of Conduct), der zum Beispiel darauf abzielt, die Reputation eines Unternehmens auf dem Markt zu fördern.

Rechtliche Compliance-Regeln

Den fairen Wettbewerb einhalten

Der faire Wettbewerb ist eine wichtige Säule der freien Marktwirtschaft. In einer zunehmend globalisierten Welt arbeiten jedoch viele Unternehmen weltweit eng zusammen, obwohl sie gleichzeitig miteinander im Wettbewerb stehen. Hier besteht die Gefahr, dass die Grenzen des freien Wettbewerbs zunehmend fließend werden. Marktverzerrungen wie Kartelle, Preisabsprachen oder Monopole gehen zu Lasten von Kundinnen und Kunden bzw. Verbraucherinnen und Verbrauchern. In Deutschland wird der faire Wettbewerb insbesondere durch das Gesetz gegen den unlauteren Wettbewerb (UWG) und durch das Gesetz gegen Wettbewerbsbeschränkungen (GWB) geregelt. Denn auf der Kundenseite führen derartige Marktverzerrungen in der Regel zu überhöhten Preisen für Produkte und Dienstleistungen, die von Unternehmen an die Endverbraucherinnen und -verbraucher weitergegeben werden. Unternehmen, die sich an Kartellen und Absprachen beteiligen, drohen empfindliche Strafen, wenn der Verstoß von den Behörden wie zum Beispiel dem Bundeskartellamt verfolgt wird.

Korruption vermeiden

Der Begriff „Korruption“ wird vom lateinischen Wort „corruptio“ abgeleitet, das soviel wie Bestechung bedeutet. Juristisch gesehen, bedeutet Korruption, dass eine Person mit Macht bzw. Entscheidungsbefugnis ihre besondere Stellung missbraucht. Durch Korruption wird das Ziel verfolgt, sich einen Vorteil – materiell oder nicht materiell – zu verschaffen. So kann zum Beispiel ein Unternehmen versuchen, mit Geld eine Beamtin oder einen Beamten zu bestechen, um einen öffentlichen Auftrag zu erhalten. In Deutschland gelten verschiedene Antikorruptionsgesetze, die Sie unter dem folgenden Link abrufen können:

Ethische Compliance-Regeln

Dem Ruf des Unternehmens nicht schaden
Neben rechtlichen Normen geben sich viele Unternehmen auch ethische Normen für die Zusammenarbeit der verschiedenen Unternehmensbereiche. Im Gegensatz zu rechtlichen Normen bleiben diese aber bei Nichteinhaltung straffrei. Eine der wichtigsten Normen ist die Frage der Reputation. Damit ist aus wirtschaftsethischer Sicht gemeint, dass Mitarbeiterinnen und Mitarbeiter innerhalb und außerhalb der Firma der Reputation des Unternehmens nicht schaden dürfen. Wenn jemand zum Beispiel bestimmte Produkte einer Firma verkauft, diese aber gegenüber Kundinnen und Kunden negativ bewertet, so schadet er oder sie dem Ruf des Unternehmens.

Anderen Mitarbeiterinnen und Mitarbeitern Respekt entgegenbringen
In einem Unternehmen sollten Personen in hervorgehobenenen Stellungen, zum Beispiel Abteilungsleiterinnen und Abteilungsleiter, darauf achten, dass die Mitarbeiterinnen und Mitarbeiter einander achten. Niemand darf – beispielsweise aus Karrieregründen wie bei der Rivalität um eine höher dotierte Position – Mobbing ausgesetzt werden, indem beispielsweise Gerüchte um angebliches Fehlverhalten verbreitet werden.

Aufgaben

1. Erklären Sie anhand eines eigenen Beispiels mündlich den Begriff Compliance.
2. *Projektvorschlag:* Recherchieren Sie in kleinen Gruppen zu den Anti-Korruptionsgesetzen. Diskutieren Sie anschließend im Kurs darüber, warum die Korruptionsbekämpfung eine der wichtigsten rechtlichen Compliance-Normen ist.
3. Schreiben Sie auf, was Verantwortung als ethische Compliance-Regel für Sie bedeutet.

Eine weitere ethische Norm ist die Verantwortung: ....

....

....

....

....

....

....

....

....

4. Erklären Sie anhand des Bildes, wie Sie sich eine partnerschaftliche Zusammenarbeit in einem Unternehmen vorstellen.
5. *Wir philosophieren:* Überlegen Sie, warum die Korruptionsprävention für Unternehmen eine der wichtigsten Aufgaben ist.

Managementethik: Was sind Führungsqualitäten?

....

Ich glaube, dass an den Managerschulen heute allenthalben ein kapitaler Fehler gemacht wird: Man lehrt die Studenten, ein guter Manager müsse eine feste Vorstellung von Unternehmensführung haben. Ein Unternehmen ist aber sehr unberechenbar, so unberechenbar wie die Menschen, die darin tätig sind. Deshalb steht und fällt meiner Ansicht nach die Qualität des Managements mit der menschlichen Qualität und der Flexibilität derjenigen, die die Führungsverantwortung tragen.

Daniel Goeudevert: Wie ein Vogel im Aquarium. Rowohlt: Berlin 1996, S. 245

Kurz vorgestellt: Daniel Goeudevert

Der ehemalige VW-Manager Daniel Goeudevert wurde 1942 in Reims geboren. Er studierte in Paris Literaturwissenschaft mit dem Ziel, Lehrer zu werden.
Aber bereits während des Studiums kam er zu der Einsicht, dass dieser Beruf nicht der richtige für ihn ist. Nach dem Examen kündigte er seine Stelle als Gymnasiallehrer und wurde Autoverkäufer.

....

Die Professionalität der Führungskraft besteht darin, durch den wohlberechneten Einsatz von Menschlichkeit, Authentizität, Zuwendung, Zuspruch, Lob und „konstruktivem" Tadel, Übertreiben, zweitweisem Verschweigen, Abmildern oder Aufbauschen das „Humankapital", die Funktionäre produktiv zu machen und zu erhalten. [...] In Führungsfragen geht es immer und ausschließlich um die wohldurchdachte Beeinflussung anderer Menschen. Um Wirkung zu entfalten, muss der Vorgesetzte die Klaviatur zwischenmenschlicher Beziehungen souverän bespielen. Er muss bei vielen unterschiedlichen Menschen in vielen unterschiedlichen Situationen Vertrauen aufbauen und ihre konstruktive Mitarbeit sichern können.

Michael Andrick: Erfolgsleere. Philosophie für die Arbeitswelt. Herder: Freiburg 2022, 4., überarbeitete Auflage, S. 162/163.

Kurz vorgestellt: Michael Andrick

Michael Andrick war IT-Manager und lebt als Philosoph in Berlin.

Aufgaben

1. Geben Sie den beiden Texten eine Überschrift und vergleichen Sie Ihre Ideen zu zweit.
2. *Projektvorschlag:* Recherchieren Sie zu den beiden Autoren im Internet und erarbeiten Sie Kurzreferate.
3. Daniel Goeudevert fordert Flexibilität von Managerinnen und Managern. Erläutern Sie diese These an einem Bespiel.
4. *Wir philosophieren:* Michael Andrick meint, dass eine Vorgesetzte oder ein Vorgesetzter zweitweise auch etwas vor seinen Mitarbeiterinnen und Mitarbeitern verschweigen darf. Trägt dies aus Ihrer Sicht zur Vertrauensbildung bei? Begründen Sie Ihren Standpunkt.
5. *Mit Gedanken experimentieren:* Wenden Sie die Führungskriterien auf den folgenden Fall an: Eine Verkäuferin, die bisher gute Verkaufsergebnisse erzielt hat, wurde dabei ertappt, dass sie sich herumliegende Pfandflaschen von Kundinnen selbst gut geschrieben hat. Sie sind ihre Vorgesetzte bzw. ihr Vorgesetzter und müssen in diesem Fall handeln. Arbeiten Sie in kleinen Gruppen.

Wir debattieren: Geschlechtergerechtigkeit als Compliance-Regel?

Frau M. wurde als einzige Frau in die Compliance-Kommission eines größeren Unternehmens berufen. Sie fordert, dass eine der wichtigsten ethischen Regeln der Firma die Geschlechtergerechtigkeit sein soll, und zwar auf allen Ebenen. Einer ihrer Mitstreiter widerspricht vehement:
„Compliance-Regeln sollten in erster Linie die Marktchancen des Unternehmens fördern. Und davon profitieren sowieso alle – Männer und Frauen."

Aufgaben

1. Schreiben Sie Pro- und Kontra-Argumente zur Geschlechtergerechtigkeit als Compliance-Regel auf. Führen Sie anschließend im Kurs eine Debatte darüber. Versuchen Sie abschließend, einen Kompromissvorschlag für das Problem zu finden.

Argumente gegen die Geschlechtergerechtigkeit als Compliance-Regel: ....

....

....

....

....

....

Argumente für die Geschlechtergerechtigkeit als Compliance-Regel: ....

....

....

....

....

....

2. **Projektvorschlag:** Informieren Sie sich darüber, ob es in einigen Unternehmen eine derartige Compliance-Regel gibt, und stellen Sie eine Liste mit den Regeln und Unternehmen zusammen.
3. Überlegen Sie, was Daniel Goeudevert und Michael Andrick zu dieser Regel sagen würden.

Martha Nussbaum: Grundbausteine für ein gutes Leben

Innerhalb der Diskussion, ob die Wirtschaft eine der wichtigsten Lebensgrundlagen des Menschen darstellt, haben sich auch verschiedene Philosophinnen und Philosophen zu Wort gemeldet. Zu ihnen gehört u. a. die amerikanische Philosophin Martha Nussbaum (geb. 1946), die an der Universität von Chicago lehrt. Sie hat eine Liste mit zehn Grundfähigkeiten aufgestellt, die Menschen unbedingt benötigen, um ein gutes Leben führen zu können.
Wir geben Sie hier in vereinfachter Form wieder:

1. Die Fähigkeit, das Leben bis zum Ende führen zu können
2. Die Fähigkeit, sich guter Gesundheit zu erfreuen
3. Die Fähigkeit, Schmerz zu vermeiden
4. Die Fähigkeit, die fünf Sinne zu benutzen
5. Die Fähigkeit, Bindungen haben zu können
6. Die Fähigkeit, sich Vorstellungen vom Guten zu machen
7. Die Fähigkeit, verbunden mit anderen zu leben
8. Die Fähigkeit, in Verbundenheit mit der Natur zu leben
9. Die Fähigkeit, lachen und spielen zu können
10. Die Fähigkeit, das eigene Leben individuell leben zu können

Aufgaben

1. Wo würden Sie bei diesen Grundfähigkeiten Wirtschaft und Arbeit einordnen?
2. Welche Grundfähigkeiten fehlen Ihrer Meinung noch? Ergänzen Sie ggf. die Liste.
3. Überlegen Sie, ob diese Grundfähigkeiten Bestandteile von Unternehmenskonzepten sein sollten. Führen Sie dazu eine Pro- und Kontra-Diskussion im Kurs.
4. *Wir philosophieren:* Warum legt Martha Nussbaum Wert darauf, dass Menschen ein selbstbestimmtes Leben führen? Ist dies unter den Zwängen der ökonomischen Vernunft überhaupt möglich. Begründen Sie Ihre Zustimmung oder Ablehnung.
5. *Weiterdenken für Interessierte:* Lesen Sie über die zehn Grundfähigkeiten nach in Martha Nussbaum: Gerechtigkeit oder Das gute Leben. Frankfurt: Suhrkamp Verlag 1999, insbesondere die Seiten 46 und 49–56.

Martha Nussbaum: Ein Lebenshaus bauen

In dem folgenden Spiel haben Sie die Möglichkeit, Nussbaums Grundfähigkeiten für ein gutes Leben an einem praktischen Beispiel zu erproben. Denn Sie können jetzt Ihr Traum-Lebenshaus bauen.

1. Runde: Bilden Sie kleine Gruppen und entwerfen Sie in der Gruppe Zielvorstellungen für den Bau Ihres Traumhauses: z. B. Anzahl der Räume, Größe, Funktion etc. Berücksichtigen Sie bei der Auswahl und Gestaltung der einzelnen Räume des geplanten Hauses das Schema der Grundfähigkeiten von Martha Nussbaum und Ihre eigenen Vorstellungen von Schönheit und jugendgerechtem Wohnen. Reichen Sie anschließend Ihre „Wunschzettel" an eine andere Gruppe weiter.
2. Runde: Die Gruppen wechseln nun ihre Funktion. Sie sind Teams von Architektinnen und Architekten, die ein Haus entwerfen sollen. Sie müssen dabei drei Kriterien erfüllen: erstens die Anweisungen der „Bauherren" , die ihnen auf dem Wunschzettel vorliegen; zweitens ihre eigenen Vorstellungen und drittens die Gegebenheiten vor Ort, also: wo soll das Haus gebaut werden, finanzielle Möglichkeiten etc. Als allgemeine Richtlinie gilt das Schema der Grundfähigkeiten mit ihren wesentlichen Komponenten Geist, Sinnlichkeit und soziales Miteinander.
3. Runde: Die Gruppen schreiben auf kleine Kärtchen Gefühle, z. B. Freude, Geborgenheit etc. Kleben Sie anschließend die Gefühlskärtchen an passende Stellen in Ihr Haus, an denen Gefühle wichtig für Sie sind: z. B. an die Kaminecke Geborgenheit. Der Entwurf des Hauses wird dadurch zu einem Symbol für ein Lebenshaus, das im Sinne von Martha Nussbaum Geist, Sinnlichkeit und soziales Miteinander vereint.
4. Runde: Abschließend stellt nun jedes „Architektenteam" seinen Entwurf des Lebenshauses in der Klasse vor. Erklären Sie, wie Sie Nussbaums Grundfähigkeiten in Ihrem Lebenshaus umgesetzt haben.

Gesetz gegen den unlauteren Wettbewerb

Kurz erklärt: Wozu dient das das Gesetz gegen den unlauteren Wettbewerb (UWG)?

Das Gesetz von 2004 dient dem Schutz der Wettbewerberinnen und Wettbewerber, der Verbraucherinnen und Verbraucher sowie der sonstigen Marktteilnehmerinnen und -teilnehmer vor unlauteren geschäftlichen Handlungen und garantiert einen unverfälschten Wettbewerb. Unlauter ist demzufolge ein anderer Begriff für unfair oder unaufrichtig.
Die unlauteren geschäftlichen Handlungen, werden im Anhang des Gesetzes zu § 3 Abs. 3 UWG aufgeführt. Sie umfassen 30 Tatbestände, die in jedem Fall unlauter sind und damit abgemahnt bzw. mit Bußgeldern und sogar Freiheitsentzug geahndet werden können. Dazu gehören beispielsweise:
falsche Angaben über Produkte zu machen; gefährliche Stoffe in Produkten zu verschweigen; die Produkte der Konkurrenz „niederzumachen“ oder Kundinnen und Kunden als Information getarnte Werbung für Produkte anzubieten.

§ 3 Verbot unlauterer geschäftlicher Handlungen
[...]
(2) Geschäftliche Handlungen, die sich an Verbraucher richten oder diese erreichen, sind unlauter, wenn sie nicht der unternehmerischen Sorgfalt entsprechen und dazu geeignet sind, das wirtschaftliche Verhalten des Verbrauchers wesentlich zu beeinflussen.
(3) Die im Anhang dieses Gesetzes aufgeführten geschäftlichen Handlungen gegenüber Verbrauchern sind stets unzulässig.

Anhang zu § 3 Abs. 3:
Folgende geschäftliche Handlungen sind gegenüber Verbrauchern stets unzulässig:
Irreführende geschäftliche Handlungen
1. unwahre Angabe über die Unterzeichnung eines Verhaltenskodexes
   die unwahre Angabe eines Unternehmers, zu den Unterzeichnern eines Verhaltenskodexes zu gehören;
2. unerlaubte Verwendung von Gütezeichen und Ähnlichem
   die Verwendung von Gütezeichen, Qualitätskennzeichen oder Ähnlichem ohne die erforderliche Genehmigung; [...]

Werbung im UWG

§ 6 Vergleichende Werbung
(1) Vergleichende Werbung ist jede Werbung, die unmittelbar oder mittelbar einen Mitbewerber oder die von einem Mitbewerber angebotenen Waren oder Dienstleistungen erkennbar macht.
(2) Unlauter handelt, wer vergleichend wirbt, wenn der Vergleich
1. sich nicht auf Waren oder Dienstleistungen für den gleichen Bedarf oder dieselbe Zweckbestimmung bezieht,
2. nicht objektiv auf eine oder mehrere wesentliche, relevante, nachprüfbare und typische Eigenschaften oder den Preis dieser Waren oder Dienstleistungen bezogen ist,
3. im geschäftlichen Verkehr zu einer Gefahr von Verwechslungen zwischen dem Werbenden und einem Mitbewerber oder zwischen den von diesen angebotenen Waren oder Dienstleistungen oder den von ihnen verwendeten Kennzeichen führt,
4. den Ruf des von einem Mitbewerber verwendeten Kennzeichens in unlauterer Weise ausnutzt oder beeinträchtigt,
5. die Waren, Dienstleistungen, Tätigkeiten oder persönlichen oder geschäftlichen Verhältnisse eines Mitbewerbers herabsetzt oder verunglimpft oder
6. eine Ware oder Dienstleistung als Imitation oder Nachahmung einer unter einem geschützten Kennzeichen vertriebenen Ware oder Dienstleistung darstellt.

Aufgaben

1. Informieren Sie sich in kleinen Gruppen über das UWG im Netz und finden Sie konkret heraus, welche Strafen für welches Vergehen drohen.
2. Gestalten Sie eine vergleichende Werbung, die nach den Regelungen des UWG nicht verboten ist.

Geschäftliche Handlungen, die nur eine Gruppe von Menschen mit körperlichen und geistigen Gebrechen betreffen, sollen ausgeschlossen werden, weil

....

....

....

....

....

....

....

3. Geben Sie schriftlich ein Beispiel für die mögliche Verunglimpfung eines Mitbewerbers und werten Sie Ihre Beispiele im Kurs aus.

Ein Beispiel für die Verunglimpfung eines Mitbewerbers wäre ....

....

....

....

....

....

....

....

4. *Wir philosophieren:* Warum umfasst das UWG auch den Bereich der Werbung? Begründen Sie Ihren Standpunkt.

Fallbeispiel 11 (Ethik): Das Theaterstück der eigenen Frau – ein Verstoß gegen Compliance?

Der Intendant eines Theaters hatte einem Autor eine Zusage für die Aufführung seines neusten Theaterstückes gegeben. Kurz vor der Vertragsunterzeichnung teilt er dem Autor jedoch mit, dass er doch lieber das Theaterstück seiner Frau zum gleichen Thema im Theater aufführen möchte. Seine Frau sei schließlich eine ebenso gute Autorin.

Aufgaben

1. Schreiben Sie auf, ob Sie im Verhalten des Theaterintendanten einen Verstoß gegen ethische Compliance-Regeln feststellen. Vergleichen Sie Ihre Einschätzungen im Kurs.
2. Sprechen Sie darüber, welche Führungsqualitäten der Intendant möglicherweise nicht angewendet hat. Begründen Sie Ihren Standpunkt.
3. *Wir philosophieren:* Sollte es in kulturellen Einrichtungen und öffentlich-rechtlichen Medien generell eine Compliance-Regel gegen verwandtschaftliche Beziehungen in öffentlich geförderten Produktionen geben? Begründen Sie Ihren Standpunkt.

Fallbeispiel 12 (Recht): Werbung mit dem WWF-Siegel – unlauterer Wettbewerb?

Die Firma WWM stellt einen Energy-Drink her, auf dem sie das abgebildete Logo postiert und darunter schreibt „ökologisch geprüft“. Als ein neuer Mitarbeiter in die Firma kommt, äußert er Bedenken gegen das Logo und die Unterschrift, denn alles mache den Eindruck, der WWF fördere diesen Drink.

Aufgaben

1. Begründen Sie mit dem „Gesetz gegen unlauteren Wettbewerb“, ob der neue Mitarbeiter zu Recht das Logo und die Unterschrift kritisiert. Anmerkung: Das Markenrecht haben wir nicht berücksichtigt.
2. Entwerfen Sie auf der Rückseite ein neues Logo mit einer neuen Unterschrift, die gesetzeskonform ist. Vergleichen Sie Ihre Ideen anschließend im Kurs.
3. *Wir philosophieren:* Diskutieren Sie darüber, ob Sie als Marketingchef oder -chefin generell eine Anspielung auf bekannte Logos vermeiden würden.

KV 80

Was weiß ich? – Das Wirtschaftsethik-Kreuzworträtsel

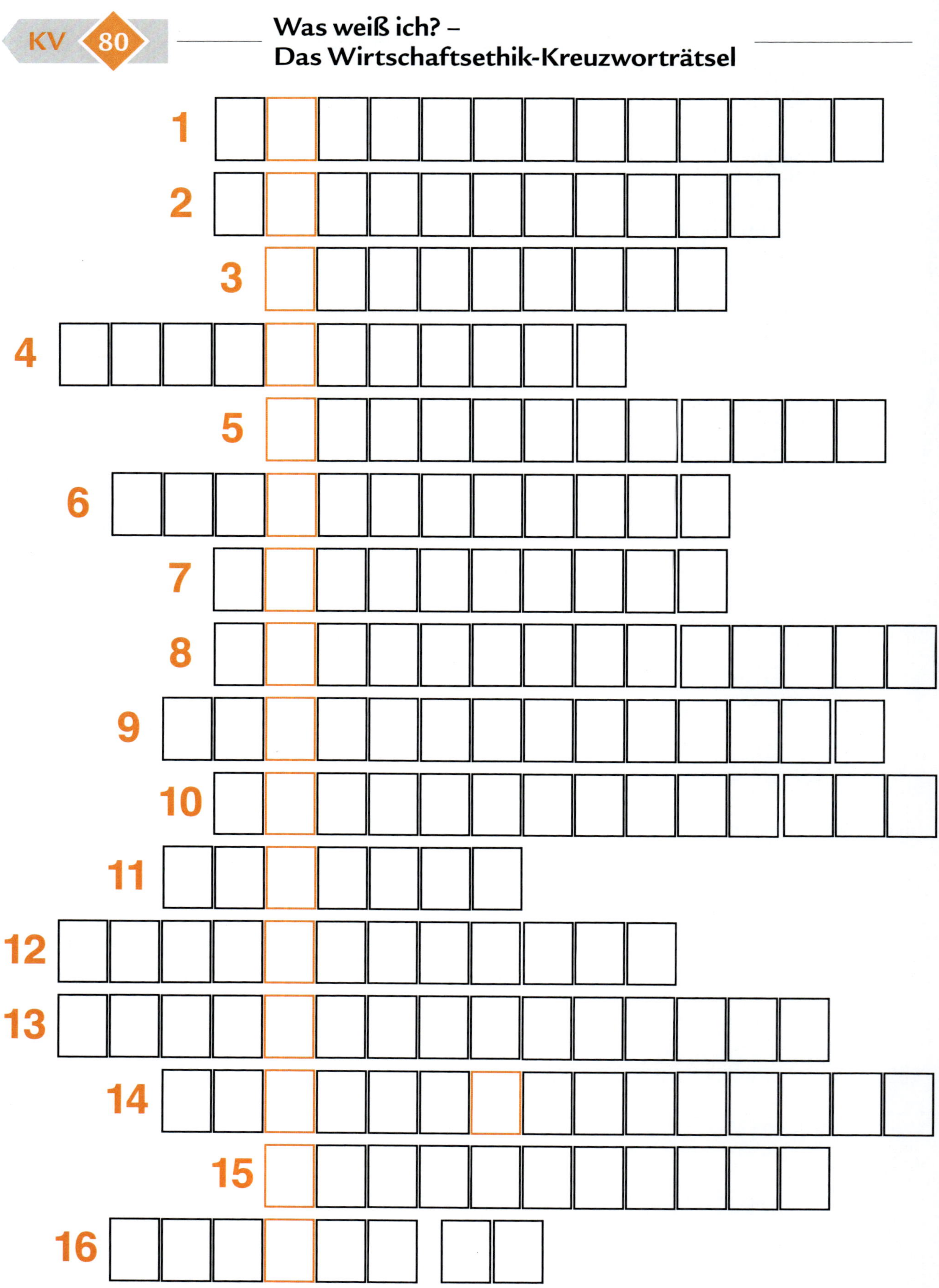

Lösung: ....

Aufgaben

1. Lösen Sie einzeln oder zu zweit das Kreuzworträtsel. Werten Sie Ihre Ergebnisse im Kurs aus.

1. Staaten, die weder Industrie- noch Entwicklungsländer sind
2. Disziplin der Ethik, die sich mit sozialen Prozessen befasst
3. Werbung für Produkte
4. Maßnahmen der EZB für den Geldumlauf
5. Wirtschaftstheorie
6. Bezeichnung für die bürgerliche Wirtschaftsordnung
7. Begründer der Genossenschaftsbewegung in Deutschland
8. Fakten über die Industrie eines Staates
9. Längerfristige wirtschaftliche Entwicklung
10. Ergenis wirtschaftlicher Bemühungen
11. Absprachen über Wettbewerbsverhalten auf dem Markt
12. Regelungen über rechte und Pflichten von Aktionärinnen und Aktionären
13. Disziplin der Ethik, die sich mit dem Management befasst
14. Kontrollinstanz der Börse
15. Prozess von der Bestellung der Ware bis zur Bezahlung
16. Weltweites UN-Aktionsprogramm zur Entwicklung von Nachhaltigkeit,

2. Formulieren Sie eine Definition für den Begriff aus der Senkrechte. Vergleichen Sie Ihre Ideen zu zweit.

Definition für den Lösungsbegriff: ....

....

....

....

3. *Wir philosophieren:* Warum braucht die Wirtschaft ethische Maßstäbe? Begründen Sie Ihren Standpunkt.

....

....

....

....

....

....

....

....

Glossar wichtiger Begriffe zur Wirtschaftsethik

Agenda 21
ist ein weltweites UN-Aktionsprogramm zur Entwicklung von Nachhaltigkeit, das 1992 auf der „Konferenz für Umwelt und Entwicklung“ in Rio de Janeiro verabschiedet wurde. Die Agenda umfasst verschiedene Handlungsfelder wie Umweltschutz, Ressourcenschonung, Armutsbekämpfung und Gesundheitsschutz, die auch für eine nachhaltige Unternehmensführung eine wichtige Rolle spielen.

Aktie
stammt von dem lateinischen Wort actio ab, das auf Deutsch Handlung heißt. Aktien sind Anteils- oder Teilhaberpapiere, die ein Aktionär oder eine Aktionärin an einer Aktiengesellschaft besitzt. Sie zerlegen das Grundkapital einer Aktiengesellschaft in einzelne Anteile.

Aktiengesellschaft
entstand im 17. Jahrhundert. Sie besteht aus mehreren Teilhaberinnen und Teilhabern (Aktionärinnen und Aktionäre). Jeder Teilhaber, jede Teilhaberin trägt im Umfang der gehaltenen Aktien das Geschäftsrisiko mit. Geht die Gesellschaft Bankrott, sind seine Aktien wertlos und er oder sie hat alles Geld verloren. Die Grundsätze einer Aktiengesellschaft wurden im 19. Jahrhundert beschlossen. In der Hauptversammlung der Aktiengesellschaft haben alle Aktionärinnen und Aktionäre Stimmrecht, d. h., diejenigen mit den meisten Aktien haben auch am meisten zu sagen. Die Hauptversammlung muss den Geschäftsabschluss (Bilanz sowie Gewinn- und Verlustrechnung) des Unternehmens billigen. Sie wählt den Aufsichtsrat, der die laufenden Geschäfte der Firma kontrolliert, und den Vorstand, der die Geschäfte führt.

Aktiengesetz
ist die gesetzliche Regelung einer Aktiengesellschaft. Sie legt u. a. die Rechte und Pflichten der Aktionärinnen und Aktionäre fest.

Berufsbildungsgesetz
ist ein Gesetz, das die Rechte und Pflichten von Auszubildenden und Ausbilderinnen bzw. Ausbildern regelt .

Börse
ist eine Institution, an der bewegliche Objekte (Wertpapiere, Aktien, aber keine Häuser) nach Zahl, Maß oder Gewicht zu öffentlichen und standardisierten Vertragsbedingungen gehandelt werden. Der Name stammt von der holländischen Kaufmannsfamilie van der Burse aus Brügge (bursa heißt auf Lateinisch Ledersack), in deren Haus sich Kaufleute regelmäßig zu Geldgeschäften trafen.

Compliance-Regeln/Code of Conduct
umfasst ethische Verhaltensregeln (Werte und Normen), die sich ein Unternehmen freiwillig auferlegt, um im Wirtschaftsleben fair zu agieren. Diese Regeln betreffen nicht nur die Beschäftigten eines Unternehmens, sondern auch die Geschäftspartner und -partnerinnen, Zulieferer und Dienstleister (stakeholder). Sie werden ergänzt durch rechtliche Normen wie dem Gesetz gegen den unlauteren Wettbewerb, die allerdings – im Gegensatz zu ethischen Normen – von den Unternehmen (unter Strafandrohung) eingehalten werden müssen.

Deutscher Nachhaltigkeitskodex
umfasst einen internationalen Berichtsstandard für Nachhaltigkeitsleistungen in Unternehmen. Er bildet die Basis für die Bewertung von Nachhaltigkeitsstandards, die in verschiedenen Firmenabteilungen eingehalten werden. Der Rat für Nachhaltige Entwicklung hat diesen Kodex 2011 beschlossen und mehrfach aktualisiert (siehe auch wirtschaftsethische Initiativen).

Deutscher Nachhaltigkeitspreis
ist eine nationale Auszeichnung für Spitzenleistungen der Nachhaltigkeit in Wirtschaft, Kommunen und Forschung. Der Preis wird von der Stiftung Deutscher Nachhaltigkeitspreis in Zusammenarbeit mit der Bundesregerung, Wirtschaftsvereinigungen, Forschungseinrichtungen und zivilgesellschaftlichen Organisationen vergeben. Ausgezeichnet werden insbesondere Akteurinnen und Akteure aus der Wirtschaft, die in den Bereichen Biodiversität, Klima und Ressourcenschonung einen wichtigen Beitrag hin zu einer nachhaltigen Gesellschaft leisten.

Glossar wichtiger Begriffe zur Wirtschaftsethik

Deutscher Innovationspreis für Klima und Umwelt
ist eine nationale Auszeichnung, die das Bundesumweltministerium und der Bundesverband der Deutschen Industrie initiiert haben. Er wird alle zwei Jahre für industriell verwertbare Innovationen aus dem Bereich von Klima und Umwelt vergeben.

Ethik
wird von dem griechischen Wort ethos abgeleitet, das auf Deutsch so viel wie Gewohnheit, Sitte oder Regel bedeutet. Die Ethik ist eine wichtige Disziplin der Philosophie, die oft auch als praktische Philosophie oder Moralphilosophie bezeichnet wird. Sie beschäftigt sich mit der Frage nach dem moralisch guten menschlichen Handeln und der Gültigkeit von Werten und Normen.

Fairer Handel
umfasst eine Handelspartnerschaft, insbesondere mit Entwicklungsländern, die mehr Gerechtigkeit in den internationalen Handelsbeziehungen durchsetzen will. So werden beispielsweise Mindestpreise unabhängig vom Weltmarktpreis festgelegt, die vor allem die Produktions- und Lebensbedingungen in den jeweiligen Staaten verbessern sollen. Die Handelspartner und -partnerinnen verzichten auf Kinderarbeit, die Kleinbauern, Plantagen- und Fabrikarbeiter und -arbeiterinnen erhalten eine angemessene Bezahlung, kombiniert mit Arbeitsschutzmaßnahmen und sozialer Vorsorge.

Fonds/Investmentfonds
Sondervermögen einer Kapitalgesellschaft, das aus angelegtem Geld von Kapitalanleger und -anlegerinnen gebildet wird. Durch Wertpapiergeschäfte, z. B mit Aktien, oder den Handel mit Immobilien, soll das Sondervermögen vermehrt werden.

Generationengerechtigkeit
heißt, dass bei gesellschaftspolitischen Entscheidungen auch die sozialen und ökologischen Folgen für die Zukunft und insbesondere auch die Bedürfnisse der jungen Generation mit bedacht werden sollten. Im Mittelpunkt steht dabei ein gerechter Ausgleich der zu tragenden Lasten zwischen der jungen und der älteren Generation, beispielsweise in Bezug auf die Staatsverschuldung und die Höhe der Rentenbeiträge bzw. Rentenzahlungen.

Green Economy
beinhaltet eine Wirtschaftsweise, die sowohl auf ökonomische Profitabilität ausgerichtet ist als auch auf soziale und ökologische Nachhaltigkeit. Dazu gehören Merkmale wie Ressourcen- und Energieeffizienz, Emissionsreduktion und die nachhaltige Gestaltung von Produkten.

Industrie- und Handelskammer (IHK)
war im 17. Jahrhundert die Interessenvertretung von Kaufleuten. Sie ist heute eine branchenübergreifende, regional organisierte Körperschaft öffentlichen Rechts und berät Unternehmen in wirtschaftlichen und außenwirtschaftlichen Fragen sowie in den Bereichen Recht, Steuern, Energieeffizienz, Nachhaltigkeit und Fachkräftebeschaffung.

Innovation
kommt von dem lateinischen Wort innovatio und heißt auf Deutsch Erneuerung oder Veränderung. Im Bereich der Wirtschaft sind damit neue technologische Verfahren oder Verfahren der Unternehmensführung gemeint, die einen radikalen Bruch mit bisherigen Verfahren darstellen.

Kapital
Der Begriff kommt aus dem Italienischen und heißt Hauptsumme oder Hauptgeld. Damit sind zum einen die Geldmittel gemeint, die zur Erfüllung betrieblicher Aufgaben in Firmen benötigt werden. Zum anderen umfasst das Kapital diejenigen Sachwerte (Fabrikhallen, Maschinen, Produkte, finanzielle Reserven etc.), die den Wert eines Unternehmens ausmachen.

Kapitalismus
ist ein Begriff, der vor allem von dem deutschen Philosophen Karl Marx (1818–1883) verwendet wurde, um die wirtschaftliche und gesellschaftliche Entwicklung des 19. Jahrhunderts zu charakterisieren. Damit ist gemeint, dass das Privateigentum an Produktionsmitteln (Fabrikhallen, Anlagen, Maschinen) hauptsächlich zur Gewinnmaximierung eingesetzt wird. Die Kapitalisten bzw. Kapitaleigentümerinnen und -eigentümer bestimmen durch ihren Kapitalbesitz über die Arbeiterinnen und Arbeiter und ihre Arbeitskraft, die besitzlos und dadurch von den Kapitalisten abhängig sind.

Glossar wichtiger Begriffe zur Wirtschaftsethik

Kartell
umfasst im Wirtschaftsbereich wettbewerbsbeschränkende Maßnahmen von Unternehmen, die auf dem Markt das gleiche Produkt anbieten. Dazu gehören beispielsweise Preisabsprachen oder eine Marktaufteilung für den Absatz von Produkten sowie die Fusionen von Unternehmen, die dazu beitragen sollen, andere Firmen aus dem Markt zu drängen.

Konjunktur
beinhaltet die wirtschaftliche Entwicklung einer nationalen Volkswirtschaft, die starken Schwankungen unterliegt. Diese betreffen die Auf- und Abwärtsbewegungen der Produktionskapazitäten, die in einem bestimmten Zyklus wiederkehren. Bei niedrigen Produktionskapazitäten muss die Nachfrage nach Produkten und Dienstleistungen angekurbelt werden, zum Beispiel durch die Stärkung der Konsumorientierung auf dem Markt; größere Produktionskapazitäten führen im Gegensatz dazu zu wirtschaftlichem Wachstum und damit zu mehr Beschäftigung (mehr Arbeitsplätze).

Kreativität
wird von dem lateinischen Verb creare abgeleitet, das auf Deutsch die Bedeutung von erschaffen oder schöpfen hat. Kreativ sein heißt, dass Menschen etwas Neues erfinden oder Dinge in einen neuen Zusammenhang stellen, den sie bisher so noch nicht gesehen haben. In übertragenem Sinn ist mit Kreativität auch gemeint, dass althergebrachte Denk- und Verhaltensmuster, z. B. in der Unternehmensführung, aufgebrochen werden.

Kreislaufwirtschaft
ist ein Gegenmodell zur Wegwerfgesellschaft, d. h., Produkte werden so lange wie möglich genutzt, geteilt, repariert oder wiederverwendet bzw. recycelt. Dadurch sollen der Rohstoffverbrauch, die Abfallproduktion und die Schadstoffemissionen reduziert werden.

Kultur
wird von dem lateinischen Wort colere abgeleitet, was auf Deutsch pflegen, bebauen oder kultivieren heißt. Kultur wird in der Philosophie als Gegenbegriff zur Natur verwendet. Der Mensch drückt durch sein geistiges, moralisches und künstlerisches Schaffen der Natur seinen Stempel auf. Er kultiviert und bebaut sie durch materielle Güter wie z. B. technische Erfindungen und Bauwerke, durch Werte, Normen und Werke der Kunst. Die Gesamtheit dieser Erfindungen und Entdeckungen des Menschen wird als Kultur bezeichnet.

Kurzarbeit
beinhaltet die vorübergehende Verringerung der regulären Arbeitszeit in einem Unternehmen aufgrund eines erheblichen Arbeitsausfalls, z. B. durch schlechte Auftragslage oder eine Unterbrechung bestimmter Lieferketten. Um die Personalkosten zweitweise zu reduzieren, kann das Unternehmen eine Entgelt-Ersatzleistung bei der Agentur für Arbeit beantragen, das sogenannte Kurzarbeitergeld.

Lieferkette
heißt, dass die Fertigstellung eines Produkts mehrere Etappen der Produktion durchläuft und durch verschiedene Zulieferer in die Endfertigung gelangt.

Marketing
wird von dem englischen Wort Market abgleitet. Unter den Begriff Marketing fallen alle Aktivitäten von Firmen oder Einzelpersonen, die darauf gerichtet sind, Verkauf, Vertrieb und Distribution von Gütern und Dienstleistungen auf dem Markt zu fördern. Darüber hinaus steht Marketing auch für ein Unternehmenskonzept, dass die Aktivitäten eines Unternehmens so optimiert, dass es die besten Chancen auf dem Markt hat.

Nachhaltigkeit
betrifft eine längerfristige wirtschaftliche, ökologische und soziale Entwicklung, die auch die Bedürfnisse künftiger Generationen mit einschließt und in der Wirtschaft auf eine Ressourcenwiederverwendung setzt.

Natur
wird von dem lateinischen Wort natura abgeleitet, was auf Deutsch Geburt heißt. Sie ist der Gegenbegriff zur Kultur. Natur umfasst alle Vorgänge, die eigenständig ohne das Zutun des Menschen ablaufen, also Wachsen, Werden und Vergehen. In einer zweiten Bedeutung ist damit auch das Wesen oder die Beschaffenheit einer Sache gemeint: der Kern oder das Wesen der Philosophie ist das Nachdenken über wichtige Lebensfragen.

Glossar wichtiger Begriffe zur Wirtschaftsethik

Neoliberalismus
bedeutet in der Wirtschaftstheorie, dass die Verantwortung des Staates gegenüber der wirtschaftlichen Entwicklung zurückgedrängt werden soll. Entsprechend den Prinzipien des freien Marktes soll sich der Staat mit Subventionen von Unternehmen oder Beschäftigungsprogrammen zurückhalten.

OECD
ist die Abkürzung von Organization for Economic Co-Operation and Development, auf Deutsch Organisation für wirtschaftliche Zusammenarbeit und Entwicklung. Sie wurde 1960 gegründet und hat ihren Sitz in Paris. Die OECD untersucht den Lebensstandard ihrer Mitgliedsstaaten, zu denen auch Deutschland gehört, insbesondere jedoch das Wirtschaftswachstum sowie die Geld- und Preisstabilität. Ein wichtiger Bereich ist auch die Entwicklungs- und Bildungspolitik. Die OECD hat 38 Mitgliedstaaten, die sich der Demokratie und Marktwirtschaft verpflichtet fühlen. Die meisten Mitglieder gehören zu den Ländern mit hohem Pro-Kopf-Einkommen (Industriestaaten) und gelten als hochentwickelte Länder.

Ökologie
bezeichnet ursprünglich die Wechselbeziehung aller Organismen in der Natur. Die moderne Bedeutung bezieht sich jedoch auf Eingriffe des Menschen in die Natur, die naturverträglich sein sollten.

Schwellenland
in der Wirtschaftstheorie werden Industrie-, Entwicklungs- und Schwellenländer unterschieden. Kriterien dafür sind u. a. das Pro-Kopf-Einkommen, die Arbeitsproduktivität und die Alphabetisierung. Schwellenländer sind Entwicklungsländer, die aufgrund ihres Grades an Industrialisierung, Alphabetisierung und des Handelsvolumens etc. so weit fortgeschritten sind, dass sie aus eigener Kraft „an der Schwelle“ zum Industrieland stehen. Zu diesen Staaten gehören beispielsweise Indien, Brasilien, Südafrika und Indonesien.

Shareholder Value
bedeutet, dass ein Unternehmen so geführt werden muss, dass die Kapitalgeber, also die Aktionärinnen und Aktionäre – shareholder heißt auf Englisch Aktionär – einen langfristigen Gewinn erzielen. Deshalb ist das Ziel eines solchen Unternehmenskonzepts die Maximierung des Marktwerts des Eigenkapitals. Soziale oder ökologische Gesichtspunkte spielen dabei eine untergeordnete Rolle.

Stakeholder
heißt übersetzt Anspruchsberechtigte. Damit ist im Wirtschaftskreislauf gemeint, dass bestimmte Gruppen ein Interesse an der Effizienz eines Unternehmens haben. Dazu gehören die Eigentümerinnen und Eigentümer (z. B. Anteilseignerinnen und Anteilseigner) mit einem Anspruch auf gute Gewinne, die Mitarbeiterinnen und Mitarbeiter mit ihrem Anspruch auf faire Löhne (Arbeitnehmerinnen und Arbeitnehmer einschließlich der Managerinnen und Manager), die Kundinnen und Kunden, die z. B. einen Anspruch auf die Qualität und Zuverlässigkeit der Produkte haben, die Lieferantinnen und Lieferanten, die faire Preise erwarten, die Kapitalmärkte (u. a. als Kreditgeber) sowie der Staat, der einen Anspruch auf Steuergelder oder Umweltschutz geltend macht. Auch die Natur als Rohstofflieferant und Aufnahmemedium für Abfall gehört zu den Anspruchsberechtigten. Ihr Anspruch besteht in der Schonung der natürlichen Ressourcen.

Wirtschaft
umfasst die Gesamtheit aller Institutionen und Tätigkeiten, die der Befriedigung menschlicher Bedürfnisse dienen. Dazu gehören sowohl Güter (Arbeitsprodukte) als auch Dienstleistungen (z. B. Handelsgeschäfte). Die Summe aller Produktions- und Konsumtionsvorgänge wird als Wirtschaftsprozess bezeichnet.

Auflösung der Fallbeispiele

KV 12, Fallbeispiel 1 – Ethik:
Geld macht unabhängig

Als Kontra-Argument gegen Trumps Position lässt sich anführen: Diese Aussage des ehemaligen amerikanischen Präsidenten trifft nicht zu. Denn nach Ansicht von Max Weber und Christian Neuhäuser dient Geld im Bereich der politischen Macht u. a. dazu, die eigenen Interessen durchzusetzen. Es ist auch für einen Präsidenten, der über ausreichend finanzielle Mittel verfügt, ein Instrument, seinen Willen gegen Widerstand aus der Gesellschaft durchzusetzen – zum Beispiel mit Gesetzen, die reiche Leute und Unternehmen begünstigen. Auch bei juristischen Auseinandersetzungen, mit denen Trump in seiner Nach-Präsidenten-Zeit konfrontiert wird, kann er sich die besten Anwälte leisten, um seine Interessen auch vor Gericht zu behaupten. Außerdem ist es bei niemandem mit viel Geld immer gewährleistet, dass es aus moralisch nicht in Zweifel zu ziehenden Quellen erworben wurde.

Als Pro-Argument könnte gelten, dass Politiker und Politikerinnen, die über ausreichende Geldmittel verfügen, sich nicht in erster Linie um ihren finanziellen Wohlstand kümmern müssen und nicht dem Druck unterliegen, unbedingt wiedergewählt zu werden. Sie können auch nach dem Ende ihres politischen Lebens mit ihren beruflichen oder unternehmerischen Tätigkeiten fortfahren.

KV 12, Fallbeispiel 2 – Recht:
Das verschenkte Auto

Jonas durfte nach § 903 BGB das Auto nicht (ohne die Zustimmung seiner Großmutter) verschenken. Sie ist die Eigentümerin des Autos, Jonas war nur der vorübergehende Besitzer. Nur der Eigentümer darf sein Eigentum verschenken und es übertragen, nicht aber der Besitzer. Laut BGB ist nur der rechtmäßige Eigentümer zur Übereignung einer Sache berechtigt. Jonas hätte also vorher mit seiner Großmutter über seine Absicht, das Auto aus ökologischen Gründen zu verschenken, sprechen müssen. Durch das gemeinsame Gespräch hätte eine gesetzeskonforme Lösung erzielt werden können, d. h., Jonas hätte seine Großmutter mit Argumenten wie „du fährst ja selbst nicht mehr Auto" und „ich versorge dich auch weiterhin mit Nahrungsmitteln" überzeugen müssen, dass sie einwilligt, das Auto zu verschenken. Ungeklärt bleibt, ob Jonas´ Großmutter das Auto hätte verkaufen wollen. Jonas´ eigenmächtige Schenkung hat ihr möglicherweise einen Eigentumsverlust eingebracht.

KV 25, Fallbeispiel 3 – Ethik:
Das Unternehmen Uber und die sozialen Standards

Als Kontra-Argument gegen das Handeln von Uber lässt sich anführen: Das Vorgehen von Uber repräsentiert im Sinne von Oswald von Nell Breuning einen Wolfs-Kapitalismus, einen wilden Kampf eines großen Giganten gegen alle anderen kleinen Taxi-Unternehmen. Uber will seine Interessen, den Markt zu beherrschen, mit Dumping-Löhnen durchsetzen. Es nimmt keine Rücksicht auf die wirtschaftlichen Interessen der anderen und ist auch nicht an sozialen Regelungen wie Tariflöhnen interessiert.

Als Pro-Argument kann Milton Friedmans Position gelten, dass es ein wesentliches Kennzeichen von Marktwirtschaft sei, dass sich niemand in die Angelegenheiten eines anderen einmischen solle. Die Konsumentinnen und Konsumenten können auf die Berliner Taxiunternehmen setzen, wenn ihnen sozialen Standards wichtig sind, und höhere Preise bezahlen. Bei Fairtrade-Unternehmen wird dies auch so gehandhabt. Ein Unternehmen muss sich nach Ansicht von Friedman aber nicht danach richten, was die Mehrheit (andere Taxi-Unternehmen) will, denn dann müsste es als „Minderheit klein beigeben". Der Markt sichert die wirtschaftliche Freiheit, ein Unternehmen so zu führen, wie man es für richtig hält.

KV 25, Fallbeispiel 4 – Recht:
Kann der Kaufvertrag fürs Handy gekündigt werden?

Der Kaufvertrag kann gemäß BGB nur rückabgewickelt werden, wenn dies beide Partner wollen. Bastian muss also mit dem Verkäufer verhandeln, unter welchen Bedingungen er das Handy zurückgeben kann. So wäre es zum Beispiel möglich, dass Bastian das neue Handy mit der Übersetzungsfunktion bei dem gleichen Händler kauft und einen neuen Vertrag mit ihm abschließt, sodass der alte ungültig wird. Falls Bastian nur sein Geld zurückfordern möchte, muss der Verkäufer zustimmen. Denn es gibt im Einzelhandel kein gesetzliches Umtauschrecht. Manche Händler sind aber trotzdem sehr kulant, wenn es um die Rücknahme und die Rückerstattung geht. Verpflichtet sind sie dazu nicht. Hätte Bastian sein Handy im Online-Versandhandel gekauft, stünde ihm ein Widerrufsrecht zu, d. h., Bastian könnte nach der Prüfung der Ware – die hat ja keine Übersetzungsfunktion – vom Kauf zurücktreten und sein Geld erstattet bekommen. Die Möglichkeit des Widerrufs im Online-Versandhandel ist ein Grund, warum auch der stationäre Handel den Umtausch von Waren kulant behandelt.

Auflösung der Fallbeispiele

KV 38, Fallbeispiel 5 – Ethik:
Sind Fairtrade-Produkte nur etwas für Wohlhabende?
Als Pro-Argument für Olegs Position könnte angeführt werden, dass Schülerinnen und Schüler über wenig Geld verfügen und deshalb auf die Preise achten müssen. Da sich „normaler“ Kaffe im Geschmack von Fairtrade-Produkten nicht unterscheidet, haben Oleg und seine Freundin mehr davon, wenn sie öfter billigen Kaffee trinken können anstelle des teuren fair gehandelten Kaffees.
Als Kontra-Argument könnte gelten, dass auch Schülerinnen und Schüler darauf achten sollten, unter welchen Bedingungen die Produkte hergestellt werden, die sie konsumieren. Die Produzentinnen und Produzenten erhalten faire Löhne für ihre Arbeit, die ihre Existenz sichern; es ist garantiert, dass fair gehandelte Produkte nicht auf Kinderarbeit beruhen und klaren Nachhaltigkeitsregeln zum Umgang den natürlichen Ressourcen folgen; insbesondere Wasser, Boden und Umwelt werden nicht verschmutzt.

KV 38, Fallbeispiel 6 – Recht:
Arbeiten in einem stinkenden Fluss
Die deutsche Recycling-Firma ist nach dem Lieferkettensorgfaltspflichtengesetz (LkSG) für die Arbeitsbedingungen der indonesischen Mädchen auch verantwortlich, denn die Arbeit der Mädchen betrifft eine ihrer Lieferketten. Die Firma muss sicherstellen, dass die Mädchen älter sind als 15 Jahre und nicht unter die Rubrik „Kinderarbeit“ fallen (LkSG § 2 Abs. 2 Nr. 1). Nach § 2 Abs. 2 Nr. 5 LkSG dürfen die Arbeitenden keinen Gesudheitsgefahren ausgesetzt werden (der Fluss ist graugrün und offenbar durch chemische Stoffe verseucht) und es müssen Sicherheitsstandards eingehalten werden (die Mädchen laufen barfuß durch den Fluss und gefährden dadurch ihre Sicherheit). Und sie arbeiten mehr als 10 Stunden täglich; dadurch erleiden sie eine übermäßige körperliche und geistige Ermüdung. Der Lohn von 60 Cent am Tag liegt darüber hinaus unter dem Existenzminimum für Indonesien.

KV 49, Fallbeispiel 7 – Ethik:
Eine neue Jeans mit Ökolabel kaufen oder die alte aufpeppen?
Als Pro-Argument lässt sich anführen, dass Menschen Konsumbedürfnisse haben und diese auch befriedigen möchten. Der Kauf einer neuen Jeans regt den Konsum an und somit auch die Nachfrage nach bestimmten Produkten. Diese Nachfrage kurbelt wiederum die Produktion an, was die Wirtschaft insgesamt stärkt. Diese wirtschaftliche Stärkung kommt vor allem auch den Entwicklungs- und Schwellenländern zugute, in denen die Mehrzahl der Textilien gefertigt wird. Voraussetzung sollte aber sein, dass die Jeans nicht nur ein Ökolabel hat, sondern auch zu fairen Preisen und Arbeitslöhnen ohne Kinderarbeit hergestellt wird.
Als Kontra-Argument im Sinne von Gregors Freundin können Nachhaltigkeitsaspekte und die Grenzen des Wirtschaftswachstums nach Thomas Piketty und Philipp Blom gelten. Unsere natürlichen Ressourcen sind begrenzt. Deshalb können wir nicht durch die immer weitere Ausbeutung der Natur und immer höhere CO_2-Emissionen auf Kosten der kommenden Generationen leben und unbeschränkt Konsumbedürfnisse befriedigen. Deshalb spielt im „Green deal Europas“ die Wiederverwendung von Produkten eine wichtige Rolle.

KV 49, Fallbeispiel 8 – Recht:
Darf eine Windkraftanlage in einem Naturschutzgebiet gebaut werden
Der Bau einer Windkraftanlage in einem Naturschutzgebiet ist nach dem Bundesnaturschutzgesetz, das 2022 novelliert wurde, grundsätzlich möglich. Eine Voraussetzung dafür ist, dass ein gewisser Mindestabstand zwischen den Brutplätzen von Vögeln und der Windkraftanlage eingehalten wird (BNatSchG § 45b). Außerdem muss garantiert werden, dass das Tötungs- und Verletzungsrisiko der Vogelarten, die den Brutplatz nutzen, nicht erhöht wird.

KV 66, Fallbeispiel 9 – Ethik: Geschlechtsneutrale Bewerbungsunterlagen – ein Weg gegen Diskriminierung?

Als Pro-Argument lässt sich anführen, dass Bewerbungsunterlagen ohne Zuordnung des Geschlechts (oder ohne Hinweis auf einen Migrationshintergrund) mehr Gerechtigkeit in die Einstellungs- und Lohnpolitik eines Unternehmens bringen: Es zählen nur die erbrachten Leistungen und Berufserfahrungen für die Zulassung zum Bewerbungsgespräch. Und es kann vermieden werden, dass Frauen bei den Gehaltsvorstellungen eines Unternehmens benachteiligt werden.

Als Kontra-Argument kann gelten, dass auch aus den Anlagen zu einem Bewerbungsschreiben (z. B. Zeugnisse, Lebenslauf) Hinweise auf das Geschlecht oder Migrationshintergrund herausgelesen werden können. Wenn Unternehmen mehr Wert auf den sozialen Werdegang von Bewerberinnen und Bewerbern legen als auf Zeugnisse, fehlen ihnen für die erste Auswahl wichtige Informationen. Darüber hinaus können Frauen und Mädchen in bestimmten Berufen auch nicht gefördert werden, wenn das Unternehmen im Voraus nicht weiß, wer sich bewirbt.

KV 66, Fallbeispiel 10 – Recht: Dürfen Jugendliche als Erntehelferinnen bzw. Erntehelfer arbeiten?

Boris ist 18 Jahre alt und unterliegt nicht mehr dem Jugendarbeitsschutzgesetz. Er kann also seine Arbeitszeiten mit dem Bauern im Rahmen der gesetzlichen Möglichkeiten aushandeln. Lena darf nach § 8, Abs. 1 des Jugendarbeitsschutzgesetzes nur 8 Stunden täglich arbeiten; sie kann also die Forderung des Bauern nach 12 Stunden täglicher Arbeitszeit nicht erfüllen. Wäre sie 16 Jahre alt, dann dürfte sie nach § 8, Abs. 3 JArbSchG zumindest 9 Stunden täglich in der Landwirtschaft arbeiten. Bei Sarah, die 13 Jahre alt ist, müssen die Eltern ihre Einwilligung geben, dass sie 2 Stunden täglich auf dem Feld arbeiten darf – mehr Stunden sind in ihrem Alter nicht erlaubt.

Um den besonderen Arbeitsanforderungen während der Saisonzeit gerecht werden zu können, sieht das Arbeitszeitgesetz (ArbZG) die Möglichkeit vor, dass ein Saisonbetrieb bei der zuständigen Aufsichtsbehörde nach § 15 Abs. 1 Nr. 2 die Verlängerung der täglichen Arbeitszeit auf bis zu 12 Stunden täglich beantragen kann. Die Aufsichtsbehörde prüft anhand der Voraussetzungen, ob eine Ausnahmegenehmigung für den Antragsteller erteilt werden kann.

KV 79, Fallbeispiel 11 – Ethik: Das Theaterstück der eigenen Frau – ein Verstoß gegen Compliance?

Als Pro-Argument für das Verhalten des Theaterintendanten lässt sich anführen, dass verwandtschaftliche Beziehungen kein Hinderungsgrund sein sollten, ein Theaterstück aufzuführen, denn es kommt auf die Qualität eines Theaterstücks an und nicht darauf, wer es geschrieben hat. Auch eine gezielte Frauenförderung könnte als Grund für die Entscheidung gelten, aber dies hätte in einem Bewerbungsverfahren transparent gemacht werden müssen.

Im Falle des Theaterintendanten überwiegen allerdings die Kontra-Argumente: Er hätte von Anfang an einen fairen Wettbewerb organisieren müssen, in dem beide, der Autor und die Autorin, ihr Theaterstück vorstellen. Eine Kommission, der er selbst auch angehören darf, hätte dann mit Mehrheit unter Abwägung aller Bedingungen am Theater entschieden, wessen Stück aufgeführt werden soll.

Der Theaterintendant hat zusätzlich auch noch eine weitere Compliance-Regel verletzt, denn er hat dem Ruf des Unternehmens geschadet. Wenn es sich in der Theaterbranche herumspricht, dass ein Intendant die Stücke seiner Frau bevorzugt, werden sich gute Autorinnen und Autoren dort nicht mehr bewerben. Auch könnte ihm vorgeworfen werden, dem Autor mangelnden Respekt entgegenzubringen, da er ihm erst vor Vertragsabschluss mitteilt, sein Stück nicht aufführen zu wollen. Dem Theaterintendanten fehlen auch Führungsqualitäten wie zum Beispiel der Einsatz von Menschlichkeit und Zuwendung.

KV 79, Fallbeispiel 12 – Recht: Werbung mit dem WWF-Siegel – unlauterer Wettbewerb?

Der Mitarbeiter kritisiert zu Recht das Logo auf dem Energy-Drink. Nach Punkt 2 im Anhang zu § 3, Abs. 3 UWG darf die Firma kein Logo verwenden, das im geschäftlichen Verkehr die Gefahr von Verwechslungen in Bezug auf Kennzeichen enthält. Hier kommt sogar zusätzlich der Abs. 4 des UWG zum Tragen, dass das Kennzeichen in unlauterer Weise verwendet wird, denn die Kundinnen und Kunden können davon ausgehen, dass aufgrund der Ähnlichkeit zum WWF-Logo der Drink eine ökologische Qualität besitzt. Auch der Abs. 6 des UWG trifft auf das Logo der Firma zu, denn die Imitation des Logos, es hat eine sehr starke Ähnlichkeit zum geschützten Logo der WWF, was bei Kundinnen und Kunden Assoziationen zum WWF hervorrufen könnte.

Lösungen

Kopiervorlage 20/Reihenfolge im Lückentext

sozialen Ausgleich, freier Marktwirtschaft, staatliche Maßnahmen, John Maynard Keynes, Kartellverbot, Fusionskontrolle, Steuersystem, sozialen Sicherungssysteme, Durchsetzung von Verträgen auf der Grundlage von Gesetzen, Umwelt- und Klimaschutz, Ludwig Erhard

Kopiervorlage 24

Abgeleitet aus § 126 BGB können Verträge sowohl mündlich als auch schriftlich abgeschlossen werden. Sie sind – auch mündlich geschlossen – für beide Parteien verbindlich. Die schriftliche Form ist vorgeschrieben beim Abschluss einer Versicherung, beim Immobilien- bzw. Grundstückskauf, bei der Übernahme von Bürgschaften sowie beim Abschluss eines Erbvertrags, eines Ehevertrags oder eines längerfristigen Mietvertrags. In diesen Fällen ist ein Vertrag in schriftlicher Form notwendig, da er für mehr Rechtssicherheit sorgt.

Kopiervorlage 75/Kreuzworträtsel

Bücher zum Weiterlesen

Michael Andrick: Erfolgsleer. Philosophie für die Arbeitswelt. Freiburg/Basel/Wien: Herder Verlag 2022, 4., überarbeitete Auflage.

Philipp Blom: Die Unterwerfung. Anfang und Ende der menschlichen Herrschaft über die Natur. München: Hanser Verlag 2022.

Barbara Brüning/Adele Grill (Hrsg.): Unterrichtsmodule für das Fach Ethik. Mensch – Natur – Gesellschaft. Linz: Trauner Verlag 2022 (u. a. Kapitel zu Simone Weil (Begriff der Arbeit KV 51) und Irina Wurzelhofer (Begriff der Nachhaltigkeit KV 42–46).

Gräfin Marion Dönhoff: Zivilisiert den Kapitalismus. München: Knaur 1999 (Vorschläge für ethisches Verhalten in Wirtschaft und Gesellschaft).

Stephan Handel: Recht. Was geht mich das an? München: dtv 2006.

Volker Happe/Gustav Horn/Kim Otto: Das Wirtschaftslexikon. Zentralen für politische Bildung. Bonn: Dietz 2012, 2., aktualisierte und erweiterte Auflage.

Yuval Noah Harari: Homo Deus. München: C. H. Beck (Veränderungen der Industriegesellschaften durch die KI und Biotechnologie).

Jahrbuch Nachhaltigkeit 2021. Regensburg: Metropolitan 2021 (u. a. Nachhaltigkeitsmanagement in Unternehmen).

Hans Küng: Weltethos für Weltpolitik und Weltwirtschaft. München: Piper Verlag1997, 2. Auflage (u. a. Globalisierung, Wirtschaft und Verantwortung, Aufgaben der Wirtschaftsethik, Managementethos).

Heinz D. Kurz: Klassiker des ökonomischen Denkens. Von Adam Smith bis Alfred Marshall. München: C. H. Beck 2008, Bd. 1 und 2.

Gerd Müller: Umdenken. Überlebensfragen der Menschheit. Hamburg: Murmann Verlag, 4. Auflage 2020 (u.a. das Lieferkettensorgfaltspflichtengesetz – Dr. Gerd Müller war 2013–2021 Bundesminister für wirtschaftliche Zusammenarbeit und Entwicklung).

Nikolaus Piper: Geschichte der Wirtschaft. Weinheim und Basel: Beltz & Gelberg 2007 (wichtige Grundbegriffe der Wirtschaft).

Papst Franziskus: Laudato si‘ – Über die Sorge für das gemeinsame Haus. Stuttgart: Verlag des Katholischen Bibelwerks 2015 (insbesondere das Thema Wirtschaft und Biodiversität).

Thomas Piketty: Eine kurze Geschichte der Gleichheit. München: C. H. Beck 2022.

Cornelia Schmergal: Wirtschaftspolitik. Was geht mich das an? München: dtv 2005.

Schülerduden Wirtschaft. Mannheim: Dudenverlag 2002.

Wirtschaftsethische Initiativen, Verbände und Organisationen

Bündnis für nachhaltige Textilien.
Bündnissekretariat:
c/o Deutsche Gesellschaft für internationale Zusammenarbeit (GIZ) GmbH
Friedrich-Ebert-Allee 36, 53113 Bonn
Tel.: 0228 4460-3560 (Presseanfragen)
mail@textilbuendnis.com;
www.textilbuendnis.com

Deutscher Industrie- und Handelskammertag (DIHK)
Breite Straße 29, 10178 Berlin
Tel.: 030 20308-2205 (Energie, Umwelt, Industrie)
info@dihk.de; www.dihk.de

Deutsches Netzwerk Wirtschaftsethik (DNWE) – EBEN Deutschland e.V.
Mehringdamm 60, 10961 Berlin
Tel.: 030 23627675
info@dnwe.de; www.dnwe.de

ifo Institut – Leibniz-Institut für Wirtschaftsforschung an der Universität München e.V.
(analysiert die Wirtschaftspolitik der Bundesregierung und international)
Poschingerstr. 5, 81679 München
Tel.: 089 9224-0,
ifo@ifo.de; www.ifo.de

Institut der deutschen Wirtschaft Köln e.V.
(Träger des Vereins sind die Arbeitgeberverbände und der Bundesverband der deutschen Industrie)
Konrad-Adenauer-Ufer 21, 50668 Köln
Tel.: 0221 49810
welcome@iwkoeln.de; www.iwkoeln.de

Kompetenzzentrum Naturschutz und Energiewende KNE gGmbH; c/o Scaling Spaces
Cuvrystraße 53, Haus F, 10997 Berlin
Tel.: 030 7673738-0
anliegen@naturschutz-energiewende.de;
www.naturschutz-enegiewende.de

Rat für nachhaltige Entwicklung
c/o Deutsche Gesellschaft für internationale Zusammenarbeit (GIZ) GmbH
(berät die Bundesregierung seit 2001 in Fragen nachhaltiger Entwicklung)
Potsdamer Platz 10, 10785 Berlin
Tel.: 030 338424-121
info@nachhaltigkeitsrat.de;
www.nachhaltigkeitsrat.de

Social Entrepreneurship Netzwerk Deutschland e. V.; c/o Impact Hub Berlin
Rollbergstraße 28a, 12053 Berlin
info@send-ev.de; https://send-ev.de

Stiftung Deutscher Nachhaltigkeitspreis
(Auszeichnung für Spitzenleistungen der Nachhaltigkeit in Wirtschaft, Kommunen und Forschung)
Kesselstraße 5–7, 40221 Düsseldorf
Tel.: 0211 5504-5510
buero@nachhaltigkeitspreis.de;
www.nachhaltigkeitspreis.de

Fairtrade Deutschland e.V.
Maarweg 165, 50825 Köln
Tel.: 0221 9420400
info@fairtrade-deutschland.de;
www.fairtrade-deutschland.de

Weltwirtschaftsforum/World Economic Forum
(Austragungsort Davos)
www.weforum.org

Bildquellen

Alamy: S. 84 GP Library Limited; **Bonarov:** S. 94/3; **Frick Collection New York City:** S. 94/1; **Haus am Maiberg:** S. 32; **iStockphoto:** S. 8 Thaweesak Saengngoen; S. 9/1 abadonian; S. 9/2 merznatalia; S. 9/3 Eisenlohr; S. 9/4 Orientaly; S. 11 fatido; S. 14 alfexe; S. 15 Egor Suvorov; S. 16 Lacheev; S. 17 orion_eff; S. 18/1 Maxim Filitov; S. 18/2 master1305; S. 20, 22, 39, 40, 54, 58, 72, 74, 98, 116 JulyVelchev; S. 24 li-o alexey_boldin; S. 24 li-m NatalyaBurova; S. 24 li-u Olga Gillmeister; S. 24 re-o Fototocam; S. 24 re-m VYCHEGZHANINA; S. 24 re-u yuakimov; S. 25 Exclusive Lab; S. 34 Boonyachoa; S. 36 DKosig; S. 41 AndreyPopov; S. 42 akindo; S. 45 erllre; S. 46 Stefan90; S. 50 mariusFM77; S. 54 groß royyimzy; S. 54/4 Crystal Calla; S. 56 TanyaRozhnovskaya; S. 59 Eduardo Frederiksen; S. 62/1 Ruslan Gilmanshin; S. 62/2 POSMGUYS; S. 67 pick-uppath; S. 68 Galeanu Mihai; S. 72 Dirk Daniel Mann; S. 76 aimy27feb; S. 87 Image Source; S. 88 re-o Drazen Zigic; S. 88 li-u miriam doerr; S. 92 koya79; S. 96 industryview; S. 100 Nastasic; S. 102 insta_photos; S. 103 DorSteffen; S. 106 AndreyPopov; S. 108 metamorworks; S. 113 sl-f; S. 117 Olha Bodanina; **Martin Kraft:** S. 50; **National Gallery of Art Washington DC:** S. 94/2; **National Gallery London:** S. 60; **RobertHannah89:** S. 28; **Walter Benington:** S. 30.

Liedtexte

S. 8: Text (OT): Ebb, Fred. © The Times Square Music Publications Company/Warner/Chappell Music GmbH & Co. KG Germany. Trio Music Company/BMG Rights Management GmbH, Berlin
S. 24: Text (OT): Grönemeyer, Herbert. © 1983 by Hans Gerig OHG, Bergisch Gladbach